U0950850

会计与财务管理专业实务操作系列教材

KUAIJI YU CAIWU GUANLI ZHUANYE SHIWU CAOZUO XILIE JIAOCAI

企业会计综合实训

QIYE KUAIJI ZONGHE SHIXUN

（第二版）

主　编　李　艳　盛　洁

副主编　赵　燕　梁　杏　罗萍文

首都经济贸易大学出版社

Capital University of Economics and Business Press

·北　京·

图书在版编目(CIP)数据

企业会计综合实训/李艳,盛洁主编. —2 版. —北京:首都经济贸易大学出版社,
2016. 10
ISBN 978 - 7 - 5638 - 2141 - 9

Ⅰ. ①企…　Ⅱ. ①李…　Ⅲ. ①企业管理—会计—教材　Ⅳ. ①F275. 2

中国版本图书馆 CIP 数据核字(2013)第 192659 号

企业会计综合实训(第二版)
李　艳　盛　洁　主编
赵　燕　梁　杏　罗萍文　副主编

责任编辑　赵　杰
封面设计　砚祥志远 · 激光照排　TEL: 010-65976003
出版发行　首都经济贸易大学出版社
地　　址　北京市朝阳区红庙（邮编 100026）
电　　话　(010)65976483　65065761　65071505(传真)
网　　址　http://www. sjmcb. com
E - mail　publish@ cueb. edu. cn
经　　销　全国新华书店
照　　排　首都经济贸易大学出版社激光照排服务部
印　　刷　北京市泰锐印刷有限责任公司
开　　本　710 毫米 × 1000 毫米　1/16
字　　数　130 千字
印　　张　11
版　　次　2013 年 9 月第 1 版　**2016 年 10 月第 2 版**
　　　　　2016 年 10 月总第 4 次印刷
书　　号　ISBN 978 - 7 - 5638 - 2141 - 9/F · 1224
定　　价　28. 00 元

第二版前言

《企业会计综合实训》第二版秉承了第一版的框架和风格，在第一版的内容基础上根据相关法律法规的变化进行了适度增减和重新整合，并针对第一版的不足，订正了一些文字和数据。

具体来说，修订版主要针对2014年新会计准则的修改，在经济业务处理中新增了“其他综合收益”科目的使用；同时根据新的增值税法规，重新修改了固定资产、无形资产、运费等关于增值税抵扣的业务处理。

在教材特色上，本次修订教材仍然是基于会计工作过程进行编写。实训任务首先是审核外来原始凭证，计算、填制自制原始凭证，然后根据审核无误的原始凭证编制记账凭证，根据记账凭证登记日记账，并根据记账凭证或原始凭证登记明细账，定期编制科目汇总表，并根据科目汇总表登记总账，月末进行成本核算、财产清查，根据账簿记录编制会计报表。在经济业务设计方面，教材充分考虑了会计工作特点，将企业中筹集资金、准备资产、生产过程、销售过程、往来核算、财务成果的计算与分配、财产清查等典型业务和一些不常见业务涵盖其中，综合训练学生的会计工作能力。虽然我们在教材特色建设方面做出了许多努力，但不足之处仍在所难免，恳请广大教师和读者提出宝贵意见。

前　言

目前，高等职业教育会计专业正在进行新一轮课程改革，以加强“会计职业能力”培养为目标，按照会计工作流程，贯彻现行会计准则，整合教学内容，实现教、学、做一体化。因此，按照新课改的要求，我们在总结长期教学经验和实际会计工作的基础上，从会计实践教学的实际出发，通过广泛调研，对会计岗位工作任务和职业能力分析，以职业活动为导向，围绕会计工作岗位任职人员所需的专业知识和职业能力编写本书。本教材突出了以下特点：

一、内容新颖。本书是依据《企业会计准则(2006)》、《企业会计准则——应用指南(2006)》、《企业会计准则讲解(2008)》、《企业会计准则解释第3号》的规定撰写，体现了最新的会计工作实务要求。

二、实用性强。本书以增值税一般纳税人为会计主体，设计了12月份97笔经济业务，涵盖了企业主要的日常经济业务和特殊交易或事项，经济业务具有全面性、典型性和实用性。

三、仿真效果强。在原始单据的制作上严格按照相关制度要求，加盖了各类模拟实训章，所使用的原始单据尽量模拟目前使用的单据，力求更接近真实情况，使学生有身临其境的感觉。

四、注重学生综合能力的培养。本书融合了大量的业务计算题。业务中提供了大量费用分配、产品成本、期末结转等业务计算题，以空表的形式对学生提出核算要求，有利于提高学生的综合计算能力和分析能力。

五、体现教改的思路。用课程改革的主线贯穿于教材始终，强调“以能力为本位、以学生为主体、以实践为导向”的教学指导思想，围绕职业岗位需要，培养学生从事财会工作的能力，做到理论与实践相结合，注重培养学生的动手能力和实际工作能力。

本实训教材由实训方案、企业基本情况介绍、企业期初账簿资料、企业具体经济业务及原始凭证四部分内容构成。编写时在内容体系、难易程度等方面作了相应处理，具有明显的针对性，主要供高职高专会计、财务管理、经济管理、市场营销、工商行政管理及其他经济类专业开设相应课程使用，并可作为各类成人教育开设相应课程的教材，也可作为在职人员学习相关知识的参考书。

在本书撰写过程中，我们借鉴、吸收了大量国内外会计理论研究和实务操作的优秀成果，同时得到了业界朋友的大力支持和帮助，特别是栾一凡教授、刘小青所长(注册会计师、国际内审师)为这本教材的编写提出了宝贵的意见，在此我们一并表示诚挚的感谢！

因为教学需要，本书中引用的企业案例所有涉及的人名、公司名和公章皆为虚构，特此说明。

我们细心著书，但因编者水平所限，书中难免存在错误和不当之处，恳请广大师生、读者、同仁和专家批评指正，以便再版时加以完善，在此深表谢意！

目　录

第一部分　实训方案

会计专业课程讲授完以后，需要在校内进行为期几周的模拟实训。为了使实训能顺利进行并保证实训质量，特制定本方案，供大家参考。

一、实训目的

校内模拟实训是将企业真实经济业务精选后带入课堂，按实际业务的要求，组织和指导学生进行实训的一种教学活动，是课堂教学的继续，是顶岗实习的预演。校内模拟实训的目的是：使学生掌握会计核算的基本技能，提高核算能力，包括审核原始凭证的能力、编制记账凭证和汇总记账凭证的能力、登记账簿的能力、编制会计报表的能力、查账和对账的能力。同时，还要培养学生良好的职业道德和严肃认真、一丝不苟的工作作风。

二、实训要求

1. 对指导老师的要求：指导老师根据实训的内容和要求，组织和指导所在班级学生进行实训，负责实训工作。在学生进行实训前，必须做好一切准备工作（包括成立班级评审组，准备好实训用的账、表等实操用具，完成指导实训的教案等工作）；在实训过程中，必须认真地对学生进行辅导，充分利用各种相关工具和学习资源，做到及时发现问题及时解决问题；在实训结束后，指导老师组织班级评审组成员协助指导老师对每位同学的实训答案进行评审，评定成绩并写出评语；最后，选出所在班级优秀的实训答案，送专业教研组评审，通过后给予一定的鼓励。

2. 对实训学生的要求：在实训前，必须做好一切准备工作（包括全面复习所学教材的内容，熟悉企业会计制度，准备好实训操作用的用品和工具等）。实训期间，严格按照要求，做到不迟到、不早退、不无故缺课。实训过程中，必须服从指导老师的管理和指导，按实训进度和要求独立认真地完成实训操作，做到书本知识与实训内容相结合；独立操作与教师解答相结合；锻炼思想意识与提高核算技能相结合。实训结束后，必须写出个人实训小结，填入“学生实训评定表”中。

三、实训内容

校内实训以《企业会计综合实训》教材的内容为基础，选用广州长城机械有限责任公司的实际业务为校内实训内容。实训内容具体涉及两方面内容：一部分是会计核算账务处理，包括识别、审核和整理原始凭证；编制记账凭证；开设并登记明细账；编制记账凭证汇总表；开设并登记总分类账户以及编制会计报表。另一部分是会计核算内容，包括资产、负债、所有者权益、成本计算、收入、费用和利润等。

四、实训组织

会计综合实训可以采取集体分岗协作和个人独立全面操作两种形式。

集体分岗协作是对参与实训的学生先分组，再按照会计机构内部岗位分工需要再分岗的一种实训操作形式。目前会计岗位设置一般包括财务部经理、出纳、财产物资会计、往来结算会计、成本费用会计、总账会计等岗位。这种分岗协作，可以让学生熟悉、明确企业各会计岗位的基本职责，掌握各类经济业务的账务处理过程以及原始单据和其他会计凭证在各个会计岗位之间的传递程序和方式，使学生有身临其境的感受，直观性、真实性强。在分岗协作的基础上，还可采取岗位轮换，进一步巩固和提高分岗操作的教学效果。

个人独立全面操作是将若干会计岗位集于一人，即一人多岗，每名学生独立完成一套实训程序。要求学生根据实训资料独立完成建账，编制和审核原始凭证，编制和审核记账凭证，登记账簿，编制报表以及会计资料的整理和保管等工作①。这种形式使学生熟练掌握企业全部经济业务的会计处理程序和方法，提高其独立处理日常业务的综合能力。

五、考核与奖惩

实训考核成绩由工作态度和实训操作答案两部分组成。工作态度以前述的具体学生实训要求作为参考依据。实训考核成绩分为优秀、良好、及格和不及格四个等级。学生实训的有关资料和成绩作为优先选送单位的重要依据。实训考核成绩获得优秀的学生由学院（系）颁发证书和赠送纪念品，同时将获奖学生操作答案存放会计实训室陈列。实训考核成绩不合格者需再次交纳实训操作费，利用休息时间再次进行实训操作，直到考核成绩合格。

六、实训用具清单

记账凭证：200 张/人

账　　簿：现金和银行存款日记账　各 1 本/人；总账　1 本/人；三栏式明细账　1 本/人；数量金额式明细账　1 本/人；多栏式账　1 本/人；应交税费—增值税账　1 本/人；科目汇总表　4 张/人。

会计报表：资产负债表和利润表　各 1 张/人。

封　　面：会计凭证封面　2 张/人。

附：学生实训评定表

---

① 注：在实际工作中，出纳不得兼管稽核、会计档案保管和收入、费用、债权、债务账目的登记工作。

学 生 实 训 评 定 表

年　　月　　日

班级		姓名		成 绩	
个人实训小结					
评审组意见	组长签名：				
教师评语	教师签名：				

第二部分　企业基本情况

一、企业简介

1. 企业名称:广州长城机械有限责任公司
2. 地址:广州市白云区白云大道 20 号
3. 法定代表人:张 明
4. 注册资本:500 万元人民币
5. 联系电话:020 - 38786888
6. 纳税人登记号:310105926795326(增值税一般纳税人)
7. 开户银行及账号:(基本户)工商银行白云支行 0032 - 6120 - 0408
8. 企业类型:有限责任公司
9. 经营范围:主要生产和销售 RS6 压缩机和 RS7 压缩机
10. 银行预备印鉴:

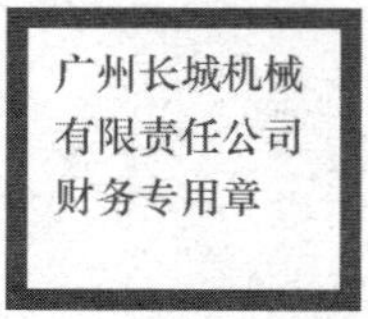

二、企业生产工艺流程

广州长城机械有限责任公司(以下简称长城公司)设有两个基本生产车间:机加工车间和装配车间;两个辅助生产车间:机修车间和配电车间。产品制造分为两个步骤,分别在两个基本生产车间进行。首先由机加工车间生产两个自制半成品,即 RS6 主机半成品、RS7 主机半成品,经检验合格后送交自制半成品仓库;装配车间从仓库领用自制半成品和外购配套件,并将自制半成品和配套件装配加工成两个产成品,即 RS6 压缩机和 RS7 压缩机,经检验合格后送交产成品仓库。其流程如图 1 所示。

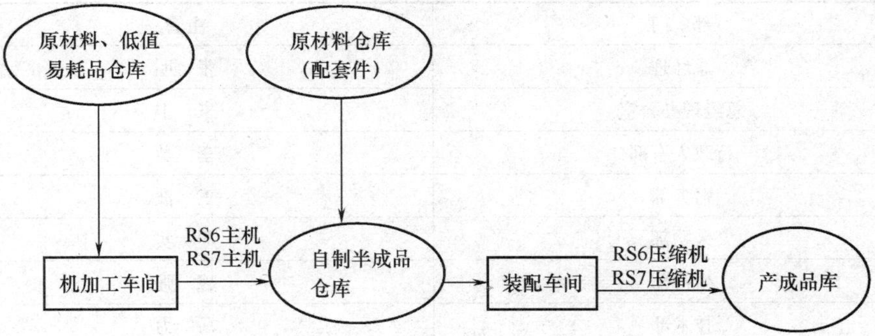

图1　长城公司生产工艺流程

三、企业内部组织机构

1. 企业组织机构设置。长城公司设有行政人事部、财务部、采购部、生产部、技术设备部、销售部以及总经理办公室7个部门。采购部下设材料仓库，销售部下设产成品库。生产部下设机加工车间和装配车间两个基本生产车间，另设机修车间和配电车间作为辅助生产车间。企业组织机构设置如图2所示。

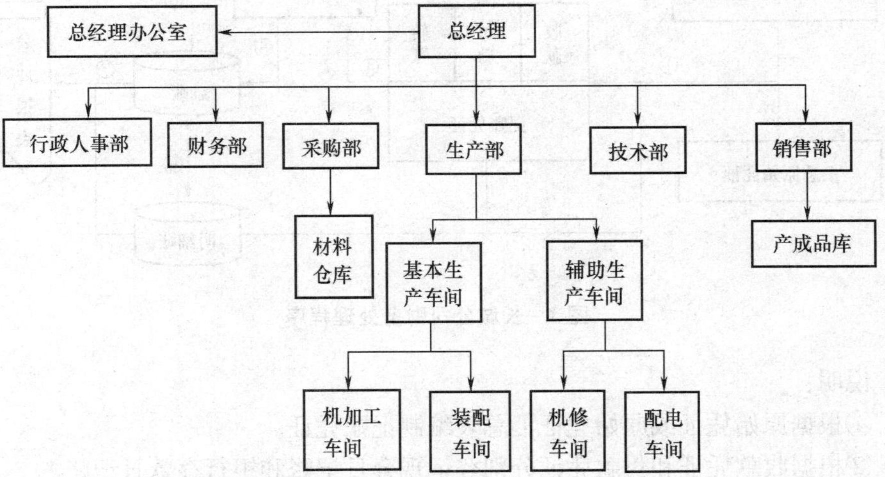

图2　长城公司内部组织机构

2. 企业各部门主管如表1所示。

表1　企业各部门主管一览表

部　门	主管
总经理	张　明
总经理办公室	朱　卫
行政人事部	李　英
财务部	王　波
采购部	严　实
生产部	魏　强
技术部	马　力
销售部	李　华

四、企业财务会计有关规定及说明

（一）财务处理程序

长城公司账务处理采用科目汇总表账务处理程序，按旬汇总，请见图3。

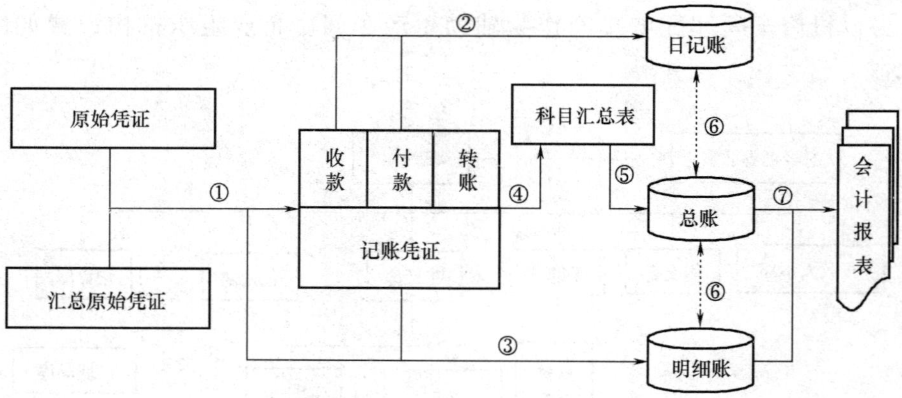

图3　长城公司财务处理程序

说明：

①根据原始凭证或原始凭证汇总表编制记账凭证。

②根据收款凭证和付款凭证分别登记现金日记账和银行存款日记账。

③根据原始凭证或原始凭证汇总表以及记账凭证登记明细分类账。

④根据记账凭证编制科目汇总表。

⑤根据科目汇总表登记总分类账。

⑥将现金日记账、银行存款日记和各种明细分类账的余额与总分类账的余额相核对。

⑦月终，根据总分类账和明细分类账的资料编制会计报表。

（二）企业核算基本要求

1. 流动资产核算部分。

（1）公司会计核算以人民币为记账本位币。

（2）公司库存现金限额为 5 000 元。

（3）计提坏账准备采用应收账款余额百分比法，本企业只就应收账款计提坏账准备，计提比率为 0.5%。各项其他应收款不计提坏账准备。

（4）原材料中原料及主料的日常收发按计划成本计价核算，收入材料实际成本与计划成本的差异逐笔结转，材料成本差异按原料种类分别核算。材料成本差异率月终计算。发出材料的计划成本应负担的成本差异于月末一次结转。原材料中其他材料日常收发按实际成本计价核算。

（5）周转材料包括低值易耗品和包装物。低值易耗品、包装物采用先进先出法、一次转销法核算。

（6）库存商品的日常收发按实际成本计价核算。本月发出产成品的实际单位成本按全月一次加权平均法计算（不含委托代销发出的商品）。

（7）交易性金融资产按照取得时的公允价值作为初始确认金额，相关的交易费用在发生时计入当期损益。在资产负债表日，交易性金融资产按照公允价值进行后续计量且不扣除将来处置该金融资产时可能发生的交易费用，交易性金融资产的公允价值变动计入当期损益。

（8）在建工程不分摊材料成本差异。

2. 固定资产、无形资产、长期股权投资核算部分。

（1）固定资产采用平均年限法计提折旧，预计使用年限如下：房屋建筑物 20 年，机械设备 10 年，运输工具 5 年，其他均为 5 年，净残值率为 5%。固定资产的中小修理费用，直接记入当月的有关费用，固定资产的大修理费用，符合条件的，计入固定资产账面价值。

（2）无形资产均为使用年限有限的无形资产，采用平均年限法进行摊销，使用年限 5 年，残值为零。

（3）公司对东方公司的投资比例为 30%，采用权益法核算。

3. 产品制造成本核算。

（1）产品成本核算方法采用综合逐步结转分步法（不进行成本还原）。

（2）为进行产品成本的总分类核算，企业应设置“基本生产成本”“辅助生产成本”“制造费用”等总账科目。

①基本生产是指为完成企业主要生产目的而进行的产品生产。“基本生产成本”总账科目应按产品生产步骤和产品品种分设明细账，该账也称作产品成本计算单。明细账中应按成本项目分设专栏，登记各产品成本项目的月初在产品成本、本月发生的费用、本月完工产品成本和月末在产品成本。

②辅助生产是指为基本生产服务而进行的劳务供应。在“辅助生产成本”账

户下，按车间部门分设账户，辅助生产车间不设制造费用一级账户，发生的相关耗费，全部记入“辅助生产成本”账户中。

③基本生产车间发生各项间接费用，记入“制造费用”账户，并按各产品制造工时比例进行分配，明细账按费用项目分设专栏。

④本厂机修车间和配电车间为辅助生产车间，机修车间和配电车间的生产费用采用直接分配法，按为各部门提供的劳务量进行分配。

⑤本厂机加工车间、装配车间为基本生产车间。机加工车间以 RS6 主机半成品和 RS7 主机半成品为成本计算对象；装配车间以 RS6 压缩机和 RS7 压缩机为成本计算对象。

(3)月末，采用约当产量法分配完工产品和月末在产品成本。在产品完工程度均为 50%，产品所耗用材料均为开工时一次投入。

(4)成本核算程序如下：

①在各受益单位之间按一定标准分配原材料、周转材料、工资和福利费、折旧、大修理等费用。

②分配辅助生产成本。

③分配制造费用。

④按成本计算对象将这些费用按照成本项目进行汇集，确定自制半成品和产成品成本。

4. 资产减值准备。企业在资产负债表日应当判断资产诸如长期股权投资、固定资产、无形资产等非流动资产是否存在可能发生减值的迹象。如果存在减值迹象的，应当进行减值测试，估计资产的可收回金额，可收回金额低于账面价值的，应当按照可收回金额低于账面价值的金额，确认资产减值损失，计入当期损益，同时计提相应的资产减值准备。资产减值一经确认，在以后会计期间不得转回。

5. 税金及附加费的核算。

(1)增值税：本公司为增值税一般纳税人，税率为 17%。

(2)企业所得税：本公司的企业所得税税率为 25%，采用资产负债表债务法核算。

(3)个人所得税：由公司根据职工的每月工资所得，实行代扣代缴。

(4)其他税金及附加：公司城市维护建设税税率 7%；教育费附加 3%；印花税在购买印花税票时计入当月管理费用核算。

6. 利润分配核算。

(1)税前利润弥补以前年度亏损，经过五年期未足额弥补的，应用所得税后的利润弥补。

(2)公司年末提取法定盈余公积比率为税后利润的 10%。

(3)经公司股东会决议，分配现金股利 50 000 元。

7. 其他。

(1)销售业务结算方式主要采用支票、银行汇票、汇兑、委托银行收款、托收承付等结算方式。

(2)本公司不考虑纳税调整事项。

(3)计算中要求精确到小数点后2位。

(4)公司执行业务依据中华人民共和国财政部制定的《企业会计准则(2006)》、《企业会计准则——应用指南(2006)》、《企业会计准则讲解(2008)》、《企业会计准则解释第3号》的相关规定。

第三部分　期初资料

一、企业2014年12月份总账及明细账期初余额

总账账户	二级账户及明细账	借方余额		贷方余额		备注
		总账金额	明细账金额	总账金额	明细账金额	
一、资产						
库存现金		4 000				
	现金日记账		4 000			
银行存款		500 000				
	银行存款日记账		500 000			
其他货币资金		80 000				
	存出投资款		80 000			
交易性金融资产		50 000				
	债券（环球公司）		50 000			
应收票据		100 000				
	华兴公司		40 000			
	五一集团		60 000			
应收账款		200 000				
	广州粤华公司		60 000			
	高科集团		75 000			
	南方制冷厂		65 000			
预付账款		40 000				
	华南康达公司		40 000			
其他应收款		4 200				
	张红		4 200			
坏账准备				1 000		
原材料		457 000				
	原料及主要材料		431 000			
	（RS6 机体）		180 000			
	（RS7 机体）		175 000			
	（标准件）		1 000			
	（X 材料）		75 000			
	配件套		26 000			
	（风机）		8 000			
	（电机）		18 000			

续表

总账账户	二级账户及明细账	借方余额		贷方余额		备注
		总账金额	明细账金额	总账金额	明细账金额	
自制半成品		81 250				
	RS6 主机		50 500			
	RS7 主机		30 750			
周转材料		23 400				
	包装物		2 800			
	（木箱）		2 800			
	低值易耗品		20 600			
	（车刀）		18 000			
	（磨具）		2 600			
库存商品		3 300 000				
	RS6 压缩机		2 160 000			
	RS7 压缩机		1 140 000			
基本生产成本		161 050				
	机加工车间		57 150			
	（RS6 主机）		26 900			
	（RS7 主机）		77 000			
	装配车间		103 900			
	（RS6 压缩机）		38 500			
	（RS7 压缩机）		18 650			
材料成本差异		890				
	RS6 机体		600			
	RS7 机体		150			
	标准件		20			
	X 材料		120			
长期股权投资		150 000				
	东方公司（成本）		150 000			
固定资产		3 500 000				
	房屋及建筑物		1 800 000			
	（办公楼）		900 000			
	（生产车间厂房）		600 000			
	（仓库）		300 000			
	机器设备		900 000			
	运输设备		600 000			
	管理设备		200 000			

续表

总账账户	二级账户及明细账	借方余额		贷方余额		备注
		总账金额	明细账金额	总账金额	明细账金额	
累计折旧				486 875		
	房屋及建筑物				171 000	
	（办公楼） （生产车间厂房） （仓库）				85 500 57 000 28 500	
	机器设备				163 875	
	运输设备				114 000	
	管理设备				38 000	
在建工程		300 000				
	厂房扩建工程		300 000			
无形资产		100 000				
	专利权		100 000			
累计摊销				20 000	20 000	
二、负债						
短期借款				100 000		
	工商银行				100 000	
应付票据				120 000		
	中天公司 华农集团				80 000 40 000	
应付账款				150 000		
	长安公司				150 000	
预收账款				50 000		
	东鹏公司				50 000	
应交税费		164 200				
	（应交增值税） （未交增值税） （应交所得税） （应交城建税） （应交教育费附加）		200 000		32 545. 45 2 278. 18 976. 37	
应付利息				700		
	短期借款利息				700	

续表

总账账户	二级账户及明细账	借方余额		贷方余额		备注
		总账金额	明细账金额	总账金额	明细账金额	
长期借款				1 500 000		
	技术改造借款				1 000 000	
	厂房扩建借款				500 000	
三、所有者权益						
实收资本				5 000 000		
	蓝天公司				2 000 000	
	华泰公司				3 000 000	
资本公积				170 000	170 000	
盈余公积				400 000		
	法定盈余公积				400 000	
本年利润				1 100 415	1 100 415	
利润分配				117 000		
	未分配利润				117 000	
合　　计		9 215 990		9 215 990		

二、2014 年 12 月初企业存货结存表

名称		项目	计量单位	数量	计划单价	实际成本	金额/元
原材料	原料及主要材料	RS6 机体	件	300	600		180 000
		RS7 机体	件	500	350		175 000
		标准件	件	1000	1		1 000
		X 材料	件	300	250		75 000
	配套件	电机	台	150		120	18 000
		风机	台	400		20	8 000
周转材料	包装物	木箱	个	100		28	2 800
	低值易耗品	车刀	把	20		900	18 000
		磨具	件	4		650	2 600
基本生产成本	机加工车间	RS6 主机	台	20			38 500
		RS7 主机	台	10			18 650
	装配车间	RS6 压缩机	台	10			26 900
		RS7 压缩机	台	30			77 000
库存商品		RS6 压缩机	台	800		2 700	2 160 000
		RS7 压缩机	台	400		2 850	1 140 000

三、2014 年 12 月初企业自制半成品结存表

项目 产品	单位	数量	单位成本	总成本
RS6 主机	台	25	2 020	50 500
RS7 主机	台	15	2 050	30 750

四、2014 年 12 月初企业在产品资料

机加工车间期初在产品资料

项目 产品	数量(台)	直接材料	直接人工	制造费用	合计
RS6 主机	22	30 500	1 500	6 500	38 500
RS7 主机	12	13 200	1 000	4 450	18 650

装配车间期初在产品资料

项目 产品	数量(台)	半成品	直接材料	直接人工费	制造费用	合计
RS6 压缩机	15	23 500	500	950	1 950	26 900
RS7 压缩机	30	53 500	3 950	2 030	17 520	77 000

五、往来单位信息

客 户 档 案

编号	客户名称	纳税号	开户银行	银行账号	地址
001	华兴公司	510182399385	建行湛江支行	315886125676	湛江市华夏街 27 号
002	五一集团	210228512387	工行建外支行	523886521033	江门市建外大街 18 号
003	广州粤华公司	310258336041	工行天河支行	285332051367	广州市天河路 108 号
004	高科集团	33077041868X	工行黄埔支行	435465768768	广州市黄埔大道 20 号
005	南方制冷厂	330514305859	建行东埔支行	537676858798	广州市东埔镇 36 号
006	东鹏公司	316789080345	建行天河支行	553467687688	广州市天河路 120 号
007	长宏电器经营公司	310258336041	工行黄浦支行	455546753555	广州市黄浦路 108 号
008	广州市机械制造厂	210228512387	工行建外支行	523886777333	广州市建外大街 28 号

供应商档案

编号	供应商名称	纳税号	开户银行	银行账号	地址
001	华南康达公司	519781108075	农行海珠支行	318753897154	广州市海珠区宝岗大道3号
002	中天公司	316780529811	建行天河支行	369213286445	广州市天河路110号
003	华农集团	516113598389	工行番禺支行	103007548265	广州市番禺区市桥1号
004	长安公司	379867418390	工行万江支行	481053875356	东莞市万江区简沙洲20号
005	深圳光华设备制造厂	118925087613	建行深圳支行	544699879632	深圳福田区富康路110号
006	广州宏达设备厂	312238052982	建行天河支行	369789966678	广州市天河路119号
007	广州市华宇物资公司	316780529735	工行天河支行	687898526324	广州市昌河路136号

第四部分　经济业务及原始凭证

一、广州长城机械有限责任公司 2014 年 12 月份经济业务

1. 预支差旅费

1 日,总经理办公室朱卫去江门出差,预支差旅费 500 元,以现金付讫。附(1-1)

2. 零星现金存入银行

2 日,出纳员将当天的零星款 1 872 元现金存入银行。(其中面额 100 元的 18 张,面额 50 元的 1 张,面额 10 元的 2 张,面额 2 元的 1 张)。附(2-1)

3. 提现备用

2 日,财务部出纳员张红开出现金支票 1 张,从银行提取现金 3 500 元,以备零用。附(3-1)

4. 预付货款

3 日,开出转账支票 30 000 元,向中天公司预付材料款。中天公司税务登记号:316780529811; 开户行及账号:建行天河支行 369213286445。附(4-1)

5. 报销差旅费

3 日,朱卫归来,报销差旅费 350 元,退回现金 150 元。附(5-1,5-2)

6. 销售商品

4 日,向广州粤华公司销售 RS6 压缩机 3 台,每台 3 200 元(不含增值税),开出增值税专用发票,收到对方的转账支票 1 张,当日填写银行进账单送存银行。广州粤华公司税务登记号: 310258336041; 开户行及账号: 工行天河支行 2285332051367;地址:广州市天河路 108 号。附(6-1,6-2,6-3)

7. 工人违章操作罚款

5 日,生产部工人孙丽违章操作,罚款 800 元。附(7-1,7-2)

8. 偿还前欠款

6 日,通过银行电汇方式偿还前欠中天公司票据款 80 000 元。中天公司税务登记号:316780529811;开户行及账号:建行天河支行 369213286445。附(8-1)

9. 支付上月的水电费

6 日,以银行存款支付上月的电费 8 000 元,水费 2 925 元。附(9-1,9-2,9-3,9-4,9-5,9-6)

10. 购买 RS6 机体、RS7 机体原材料

8 日,从中天公司购入 RS6 机体 40 件,单价为每台 620 元;RS7 机体 50 件,单

价为每台 320 元;共计货款 40 800 元,增值税 6 936 元,开出 1 张 3 个月的免息商业汇票补付款项 17 736 元。原材料仓库负责人于当日办理了材料入库登记手续。附(10 -1,10 -2,10 -3,10 -4)

11. 开立采购专户并采购成品柴油

8 日,汇款至江门 60 000 元,开立采购专户,并利用该专户采购成品柴油 6 吨,每吨 7 800 元,合计为 46 800 元(不考虑增值税),直接入配电车间,用于本月发电。附(11 -1,11 -2,11 -3)

12. 收到开户行转来的银行汇票余款

9 日,收回汇款至江门采购专户资金余款 5 244 元。附(12 -1)

13. 报废管理设备

9 日,因意外事故行政部门报废管理设备一台,账面原值为 200 000 元,已提折旧 38 000 元,报废时,通过转账支付广州东方公司清理费 900 元,取得残料变价收入 3 000 元,事故发生后,公司已向中国平安保险公司申请赔偿,所以暂不结转处置损益。附(13 -1,13 -2,13 -3,13 -4,13 -5)

14. 取得交易性金融资产

9 日,公司购买广州冷机股票 5 000 股,作为交易性金融资产,应付金额 60 000 元(其中含有已宣告发放,但尚未支付的股利 5 500 元),另支付交易手续费 80 元,合计 60 080 元。附(14 -1)

15. 报销办公用品费

10 日,总经理办公室购买办公用品,出纳报销现金 500 元。附(15 -1,15 -2)

16. 汇算清缴应纳流转税税款

10 日, 以银行存款缴纳上月增值税 32 545.45 元、城建税 2 278.18 元、教育费附加 976.37 元。附(16 -1,16 -2,16 -3,16 -4,16 -5)

17. 购买生产用固定资产

10 日,企业从深圳光华设备制造厂购买加工机床一台,增值税发票上单价 90 000元,增值税 15 300,并转来运货清单,运费 651 元,以上款项均以银行存款支付。附(17 -1,17 -2,17 -3,17 -4,17 -5)

18. 领取备用金

10 日,销售部李华到财务部领取定额备用金 3 000 元。附(18 -1)

19. 销售商品

11 日,销售给五一集团 RS6 压缩机 100 台,每台单价 3 000 元,RS7 压缩机机 50 台,每台单价 3 200 元,共计价款 460 000 元,增值税 78 200 元,用现金为对方代垫运费 1 200 元,对方开具增值税专用发票,根据发货证明及有关单证向工商银行办妥银行委托收款手续,双方约定 3 日内付款。附(19 -1,19 -2,19 -3)

20. 向灾区捐赠

11 日,向广州红十字会签发一张转账支票 16 000 元,捐赠灾区。附(20 -1,20 -2)

21. 机加工车间领用原材料

12 日,机加工车间领料,领用 RS6 机体 100 件,RS7 机体 120 件,分别用于生产 RS6 主机和 RS7 主机。附(21 –1,21 –2)

22. 采购低值易耗品

12 日,采购部向华南康达公司购入车刀 10 把,单价每把 850 元;磨具 10 个,单价每个 680 元;计税价 1 5300 元,增值税 2 601 元。商品办理了材料入库手续。附(22 –1,22 –2,22 –3,22 –4)

23. 购买机物料

13 日,机修车间因要对生产车间的生产设备进行检修,购买机物料共计 2 500 元,以银行存款付讫。附(23 –1,23 –2)

24. 生产(主机)领用低值易耗品

13 日,机加工车间,领用车刀 15 把,单价 900 元,领用磨具 4 个,单价 650 元,均计划使用 3 个月。(一次转销法)附(24 –1,24 –2)

25. 生产(压缩机)领用低值易耗品

13 日,装配车间,领用车刀 5 把,单价 900 元,领用磨具 2 个,单价 680 元,均计划使用 3 个月。(一次转销法)附(25 –1,25 –2)

26. 支付机修费

14 日,机修车间对生产车间设备检修,支付机修费 32 000 元,以银行存款付讫。附(26 –1,26 –2)

27. 提现备用

14 日,提现金 3 000 元,以备零星开支。附(27 –1)

28. 购入材料货到单未到

15 日,向中天公司购入 RS6 机体 10 件,估计每件单价为 725 元,材料已验收入库,但结算凭证未到,货款尚未支付。附(28 –1)

29. 支付研发款项

15 日,公司通过转账支票支付 50 000 元用于研发某项新型技术的款项,其中 45 000 元是符合资本化条件的支出。附(29 –1)

30. 收到前欠货款及运费

15 日,收到高科集团前欠货款及代垫运费计 75 000 元。附(30 –1)

31. 偿还前欠货款

15 日,签发工商银行转账支票一张,偿还前欠长安公司购货款 150 000 元。附(31 –1)

32. 转让无形资产

16 日,公司转让一项 H8 专利技术,收入 120 000 元,增值税率 6%,价税合计 127 200 元,已存入银行,并结转其账面价值 100 000 元与累计摊销 20 000 元。附(32 –1,32 –2,32 –3)

33. 支付广告费

17 日,支付 6 000 元广告费用。附(33 - 1,33 - 2)

34. 办理票据贴现

17 日,将一张尚有 45 天到期的五一集团的 3 个月期限,票面利率为 5%,面值为 60 000 元的银行承兑汇票向开户银行贴现,贴现率为 6%,银行同意公司不对该银行承兑汇票承担连带责任。附(34 - 1)

35. 销售商品

18 日,销售部销售给高科集团 RS6 压缩机 40 台,每台单价 3 150 元,货款 126 000元,增值税 21 420 元,当日收到对方已承兑的商业承兑汇票一张,期限为 3 个月,面值为 147 420 元。附(35 - 1,35 - 2,35 - 3)

36. 机加工车间领用材料

18 日,机加工车间领用 X 材料 220 件,其中 100 件用于生产 RS6 主机,120 件用于生产 RS7 主机。附(36 - 1,36 - 2)

37. 采购包装物

18 日,采购部向华农集团购买 300 个包装木箱,每个 28 元,价款计 8 400 元,增值税为 1 428 元,款项已通过转账支票支付,材料已入库。附(37 - 1,37 - 2,37 - 3)

38. 销售商品

19 日,销售部销售给华兴公司 RS7 压缩机 30 台,价款 95 500 元,增值税 16 235元,开出 No. 20141204 号增值税专用发票。发票注明不含增值税的现金折扣"2/10,1/20,n/30",用现金 800 元为对方代垫运费,根据发货证明及有关单证向工商银行办妥银行委托收款手续。附(38 - 1,38 - 2,38 - 3)

39. 商业承兑汇票到期

19 日,华兴公司签发的 3 个月的无息商业承兑汇票已经到期,面值 40 000 元,款项已存入银行。附(39 - 1)

40. 预支差旅费

19 日,销售部李华出差湛江,预借差旅费 2 000 元,以现金支付。附(40 - 1)

41. 报销职工进修教育经费

19 日,报销职工进修所需教育经费 900 元,该题设置为记账错误题(即企业误将该项费用计入了"应付福利费—职工教育经费"科目),与 71 题关联。附(41 - 1)

42. 购买生产用固定资产

20 日,购进一台需要安装的机床,价款 50 000 元,增值税 8 500 元,运杂费 1 500元,完成后已验收入库。以上以银行存款支付。附(42 - 1,42 - 2,42 - 3,42 - 4,42 - 5)

43. 报销差旅费

20 日,李华报销差旅费 2 050 元,以现金补足差额。附(43 - 1)

44. 购买 X 原材料

20 日,签发工行转账支票一张,支付中天公司 200 件 X 材料的货款,价税合计 52 650 元,材料已经验收入库。附(44 - 1,44 - 2,44 - 3)

45. 重组债权

20 日,因南方制冷厂发生财务困难,无法按合同规定偿还债务 65 000 元。经双方协商,同意减免南方制冷厂债务 12 000 元,南方制冷厂即日划款偿还该笔债务。附(45 - 1,45 - 2)

46. 提现备用

20 日,财务部出纳员张红开出现金支票一张,从银行提取现金 4 500 元,以备零用。附(46 - 1)

47. 购买印花税票

20 日,以现金购买印花税票 630 元。附(47 - 1)

48. 确认保险赔款并结算处置损益

20 日,平安保险公司理赔本月 9 日因意外事故报废的管理设备,保险公司同意赔偿 150 000 元。附(48 - 1)

49. 取得可供出售金融资产

21 日,企业从二级市场支付 102 000 元(含已宣告但尚未发放的现金股利 2 000元),购入广州三明股票,作为可供出售金融资产,并支付了交易税费 100 元。附(49 - 1)

50. 支付工商年检费

21 日,转账支付工商年检费 300 元。附(50 - 1)

51. 机加工车间领用原材料

22 日,机加工车间领料,领用标准件 550 件,其中 200 件用于生产 RS6 主机,350 件用于生产 RS7 主机。附(51 - 1,51 - 2)

52. 装配车间领用原材料

23 日,装配车间领用风机 70 台,电机 30 台,分别用于生产 RS6 压缩机和 RS7 压缩机。附(52 - 1)

53. 毁损风机

25 日,发现风机毁损 20 台。附(53 - 1)

54. 提供运输劳务

27 日,对外提供运输劳务,取得收入 3 000 元。附(54 - 1,54 - 2)

55. 购入轿车一辆

27 日,购买一辆轿车,款项 60 000 元,已通过转账支票支付。附(55 - 1,55 - 2,55 - 3)

56. 支付空调修理费

27 日,以现金支付办公用空调修理费 300 元。附(56 - 1)

57. 购买 RS6 机体、RS7 机体原材料

28 日，从长安公司购入 RS6 机体 40 件，单价 620 元，增值税 17%，购入 RS7 机体 60 件，单价 320 元，增值税 17%，材料已到并验收入库，合同规定以委托付款方式结算，尚未支付款项。附(57－1,57－2,57－3,57－4)

58. 收到销货款

28 日，收到华兴公司本月 19 日欠的销货款，并享受 2% 的折扣。附(58－1)

59. 支付货款

29 日，收到银行转来的委托付款通知书，28 日长安公司托收的材料款项，经审查无误通知银行付款。附(59－1)

60. 预订报刊费

29 日，开出转账支票一张，预订下年的报刊费 600 元。附(60－1,60－2)

61. 确认坏账损失

29 日，经核实，应收广州粤华公司应收账款 60 000 元，已提坏账准备 1 000 元，现因对方倒闭款项无法收回，向上级部门报批，经批准确认该款项予以注销，按有关规定确认为坏账损失。附(61－1)

62. 处理待处理财产损益

29 日，经查，毁损的 20 台风机属于人为事故，由责任人李渊赔偿 300 元。附(62－1)

63. 采购低值易耗品

29 日，采购部向华南康达公司购入劳保用品 60 套，每套单价 100 元，工具 20 套，每套单价 150 元，共计货款 9 000 元，增值税为 1 530 元，货款未付。附(63－1,63－2,63－3)

64. 装配车间领用包装物

29 日，装配车间领用包装木箱 100 个，单位实际成本是 28 元(一次摊销法摊销)。附(64－1)

65. 销售原材料

30 日，公司将库存期较长，暂时不用的 50 台风机出售，每台售价 18 元，并结转销售成本。附(65－1,65－2,65－3)

66. 确定债券利息和公允价值变动

31 日，收到环球公司债券下半年利息 1 500 元，此时该债券的公允价值为 51 000元。附(66－1,66－2,66－3)

67. 计提固定资产折旧

31 日，计提固定资产折旧。附(67－1)

68. 支付罚款

31 日，因环保问题被处以 20 000 元罚款。该题设置为登记账簿错误题，企业登记银行存款日记账时误将 20 000 元写成了 200 000 元(关联业务 89 笔)。

附(68－1,68－2)

69. 折扣销售商品

31 日,发现销售给广州粤华公司 RS6 压缩机 10 台中,有 9 台受洪水浸湿锈蚀,按每台售价 3 000 元打九折出售,另有 1 台锈蚀严重,已被毁坏,经报批,成本计入非正常损失。附(69－1,69－2,69－3,69－4)

70. 发生销售退回

31 日,由于产品质量问题,五一集团退回了本月 11 号购入的 RS6 压缩机中的 10 台,单价 3 000 元/台,所退产品已经入库,五一集团已向税务机关申请开具了"企业进货退出及索取折让证明单",本公司已据此开具了红字增值税专用发票。附(70－1,70－2,70－3)

71. 发现记账凭证错误

31 日,在年末审核记账凭证时,发现当年 12 月份第 41 笔业务记账凭证填写错误,但已登记入账,将"应付职工薪酬—职工教育经费"科目误写成"应付福利费—职工教育经费"科目。附(无)

72. 在建工程

本月,公司购买 10 000 个压板箱,用于厂房扩建用工程物资,价税共计 87 984 元,当即领用了 8 000 个投入到厂房扩建中,另领用生产用原材料 X 共 128 件,实际成本为 32 000 元,购买时进项税为 5 440 元。配电车间为工程提供劳务支出 5 000元,应支付临时工程人员工资 15 000 元,月底整个厂房扩建工程完工达到预定可使用状态并交付使用,剩余工程物资 15 040 元转为存货。(为了简化处理,假设相关凭证月末收集一齐记账)附(72－1,72－2,72－3,72－4,72－5,72－6,72－7,72－8)

73. 长期股权投资

31 日,公司持有 30% 的东方公司股票 100 000 股,即 150 000 元长期股权投资,当期东方公司因持有的可供出售金融资产公允价值的变动计入其他综合收益的金额为 600 000 元,除该事项外,因东方公司重大经营决策成功,东方公司全年净利润 1 000 000 元。假定两公司会计政策和会计期间相同,不考虑所得税影响。附(73－1)

74. 货到单未到,月末暂估入账

于 2009 年 12 月 15 日购入的 RS6 机体 10 件原材料的凭证仍未到达,月末先暂估入账。附(无)

75. 委托代销商品

本月,公司委托长宏电器经营公司销售 RS6 压缩机机 100 台,RS7 压缩机 80 台,商品已经发出。合同约定:长宏电器经营公司对外销售两种产品每件均按 3 000元,本公司按售价的 5% 支付对方手续费。本月长宏电器经营公司对外实际销售 RS6 压缩机机 60 台,RS7 压缩机机 50 台,开出的增值税专用发票上注明销售价格 330 000 元，增值税额为 56 100 元。扣除手续费 16 500 元，余款项已经收到。本公司收到长宏电器经营公司开具的代销清单时，向对方开具一张相同金额的增值税发票（为了简化处理，假设相关凭证月末收集一齐记账）。附（75－1，75－2，75－3，75－4）

76. 分摊材料成本差异

31 日，计算本月材料成本差异率，调整本月发出材料的计划成本。附（76－1）

77. 计提固定资产减值准备

31 日，公司对其所拥有的固定资产进行减值测试，其中一项生产用机器设备账面价值 729 000 元，可变现净值 709 000 元，一辆运输车账面价值 476 500，可变现净值为 446 500 元，年末计提固定资产减值准备。附（77－1）

78. 核算职工薪酬、发放工资并代缴职工社会保险费等

31 日，计算分配本月职工薪酬费用 66 100 元，其中，行政管理部门 8 000 元，机加工车间生产工人 20 400 元（RS6 主机耗用工时 640 小时，RS7 主机耗用工时 1 400小时），车间管理人员工资 7 600 元，装配车间生产工人工资 16 800 元（RS6 压缩机耗用工时 900 小时，RS7 压缩机耗用工时 1 200 小时），车间管理人员工资 3 000元，机修车间应负担工资费用 5 500 元，供电车间应负担工资费用 4 800 元。附（78－1，78－2，78－3，78－4，78－5，78－6，78－7，78－8，78－9）

79. 偿还银行短期借款本息

2014 年 10 月 1 日，向工商银行借款 100 000 元，期限 3 个月，年利率 4.2%，到期还本付息。附（79－1，79－2）

80. 计提坏账准备

31 日，核算年末应计提的坏账准备。附（80－1）

81. 支付并分摊报刊费、财产保险费

31 日，支付并摊销管理部门应负担的报刊费 500 元、财产保险费 2 600 元，以上费用均由银行存款支付。附（81－1，81－2，81－3）

82. 计提并支付工商银行长期借款利息

2014 年 1 月 1 日，向工商银行借入长期借款 1 500 000 元，期限 3 年，准备用于企业技术改造和厂房扩建，贷款利率 6%，按月计息并付息，利息全部费用化。附（82－1，82－2）

83. 确认存款的利息收入

31 日，收到工商银行存款利息收入。附（83－1）

84. 计提存货跌价准备

31 日，经减值测试，RS7 机体原材料存在减值，计提存货跌价准备。附（84－1）

85. 辅助生产车间生产费用分配

31 日，分摊机修车间生产费用，提供劳务量 5 000 小时，其中，为配电车间修理

300 小时,机加工车间耗用 200 小时,RS6 主机耗用 1 000 小时,RS7 主机耗用工时 1 200 小时,装配车间耗用 200 小时,RS6 压缩机耗用 1 000 小时,RS7 压缩机 1 000 小时,管理部门 100 小时。分配配电车间生产费用,提供劳务量为 100 000 度,其中为机修车间提供 3 000 度,机加工车间耗 5 000 度,RS6 主机耗用 15 000 度,RS7 主机耗用工 20 000 度;装配车间耗用 6 500 度,RS6 压缩机耗用 20 000 度,RS7 压缩机 30 000 小时,管理部门 500 度。附(85 - 1,85 - 2)

86. 结转分配制造费用

31 日,结转机加工车间制造费用,其中 RS6 主机耗用工时 480 小时,RS7 主机耗用工时 600 小时。结转装配车间制造费用,其中 RS6 压缩机 150 小时,RS7 压缩机 160 小时。(按制造工时分配)附(86 - 1,86 - 2)

87. 结转产品生产成本

31 日,机加工车间,RS6 主机本月完工 100 台,月末在产品 20 台,RS7 主机本月完工 120 台,月末在产品 30 台,本月装配车间从自制半成品库领用 RS6 主机 100 台, RS7 主机 100 台。装配车间 RS6 压缩机本月完工 50 台,月末在产品 20 台,RS7 压缩机本月完工 80 台,月末在产品 30 台,分别计算半成品成本和完工产成品成本。附(87 - 1,87 - 2,87 - 3,87 - 4,87 - 5)

88. 结转已销售产品成本

31 日,结转已销售产品成本。附(88 - 1,88 - 2)

89. 发现登记账簿错误

在年末核算当期应交所得税前,审核所登记账簿时发现第 68 笔业务中罚款金额在"银行存款日记账"中登记为 200 000 元。

90. 编制银企余额调节表

31 日,银企对账发现未达账项如下:29 日,企业开出转账支票支付下年报刊费 600 元,企业已作银行存款付出,银行尚未收到支票 600 元;31 日,企业开出转账支票支付环保罚款 20 000 元,企业已作银行存款付出,银行尚未收到支票 20 000 元。附(90 - 1,90 - 2)

91. 核算应纳流转税税款

31 日,计算应交增值税、城建税和教育费附加。附(91 - 1,91 - 2)

92. 结平损益类账户

2009 年末结平损益类账户前,各损益类账户如下。附(92 - 1,92 - 2)

93. 计算所得税

31 日,计算当期所得税费用和应交所得税。附(93 - 1)

94. 结转所得税

31 日,结转所得税。附(94 - 1)

95. 结平"本年利润"账户

31 日,结平"本年利润"账户。附(95 - 1)

96. 分配利润

经股东会决议,通过董事会分配方案如下:按净利 10% 提取法定盈余公积,按出资比例分配现金股利 50 000 元。附(96 - 1)

97. 将“利润分配”各其他余额科目转入“利润分配—未分配利润”明细科目

31 日,将“利润分配”明细账户的余额转入“利润分配—未分配利润”明细分类账户。附(97 - 1)

98. 编制资产负债表和利润表

二、经济业务原始凭证

1. 预支差旅费

附：

（1-1）

借　款　单

资金性质：库存现金　　　　2014 年 12 月 01 日

部　门	总办	借款事由		去江门开会	
借款金额	金额（大写）　伍佰圆整			¥ 500.00	
批准金额	金额（大写）　伍佰圆整			¥ 500.00	
主管领导 张明		财务主管	王波	借款人	朱卫

2. 零星现金存入银行

附：

(2-1)

中国工商银行现金交款单（回单）

2014 年 12 月 02 日

交款单位	广州长城机械有限责任公司	收款单位	全称	中国工商银行	
款项来源	零星款项		账号	0032-6120-0408	开户银行　工商银行白云支行

大写金额	千	百	十	万	千	百	十	元	角	分
壹仟捌佰柒拾贰元整				¥	1	8	7	2	0	0

券别	伍角	贰角	壹角	伍分	贰分	壹分
张数						
券别	壹佰元	伍拾元	拾元	伍元	贰元	壹元
张数	18	1	2		1	

收款：

（银行盖章）

复核：

工商银行 白云支行 2014.12

贰零壹肆年壹拾贰月零贰日

3. 提现备用

附：

（3-1）

中国工商银行

现金支票存根

No. 33306451

科　　目　库存现金

对方科目　银行存款

出票日期 2014 年 12 月 02 日

收款人：广州长城机械有限责任公司
金　额：3 500.00
用　途：以备零用

单位主管：　　　　会计：

4. 预付货款

附：

(4-1)

中国工商银行

转账支票存根

No. 33888991

科　　目 银行存款

对方科目 预付账款

出票日期 2014 年 12 月 03 日

收款人：中天公司
金　额： 30 000.00
用　途：预付材料款项

单位主管：　　　　会计：

5. 报销差旅费

附：

(5-1)

收 款 凭 证

2014 年 12 月 3 日

收　到	总经理办公室朱卫							
收款事由	交回多余差旅费借款							
金额	万	千	百	十	元	角	分	人民币：　壹佰伍拾元整
		¥	1	5	0	0	0	

出纳：王波　　　　经手人：杨平

(5-2)

差 旅 费 报 销 单

部门：总经理办公室　　　　2014 年 12 月 3 日

姓名	朱卫					出差事由		开会			出差自 2014 年 12 月 2 日 至 2014 年 12 月 3 日				共 2 天	
起讫时间及地点						车船票		夜间乘车补助费			出差乘车补费			住宿费	其他	
月	日	起	月	日	讫	类别	金额	时间	标准	金额	日数	标准	金额	金额	摘要	金额
12	2	广州	12	2	江门	汽车	40									
12	3	江门	12	3	广州	汽车	40				2	35	70	200		
小计							80						70	200		
合计金额（大写）：叁佰伍拾元整																
备注：预借 500.00　核销 350.00　退补 150.00																

单位领导：张明　　财务主管：王波　　审核：杨平　　填报人：朱卫

6. 销售商品

附：

(6-1)

广东增值税专用发票　　N020141201

记账联　　开票日期：2014 年 12 月 04 日

购货单位名称：广州粤华公司 纳税人识别号：310258336041 地 址、电 话：广州市天河路 108 号 开户行账 号 ：工行天河支行 285332051367				密码区	66/-3947/->59*<818<41 7>/0/433>2*3-0+672<7* 5+-<<51+41+>*>58*8460 190012<42+*31/58>>81		
货物或应税劳务名称	规格型号	单位	数量	单价	金额	税率	税额
RS6 压缩机		台	3	3 200.00	9 600.00	0.17	1 632.00
合　计			3	3 200.00	9 600.00		1 632.00
价税合计（大写）	壹万壹仟贰佰叁拾贰圆整		（小写）￥11 232.00				
销货单位名称：广州长城机械有限责任公司 纳税人识别号：310105926795326 地址、电话：广州市白云区白云大道 20 号 020-38786888 开户行及账号：工商银行白云支行 0032-6120-0408				备注	广州市长城机械有限责任公司 310105926795326 发票专用章		

收款人：　　复核：　　开票人：　　销货单位：（章）

第一联：记账联

(6-2)

产品出库单　　编号：20141201

编制部门：仓库　　2014 年 12 月 04 日　　金额单位：元

名称	规格	单位	数量	单价	总价	备注
RS6 压缩机	RS6	台	3	-	-	单位成本按全月一次加权平均法
合　计	-	-	3	-	-	

仓库主管：　　材料会计：　　领料员：　　经办人：　　制单：

(6-3)

中国工商银行进账单（收账通知）

2014 年 12 月 04 日　　第 001 号

付款人	全称	广州粤华公司	收款人	全称	广州长城机械有限责任公司
	账号	285332051367		账号	0032-6120-0408
	开户银行	工行天河支行		开户银行	工商银行白云支行

人民币（大写）	千	百	十	万	千	百	十	元	角	分
壹万壹仟贰佰叁拾贰圆整			￥	1	1	2	3	2	0	0

票据种类	转账支票	收款人开户行盖章 工商银行 白云支行 2014.12
票据张数	1 张	
单位主管　会计　复核　记账		

此联是收款人开户银行交给收款人的收账通知

7. 工人违章操作罚款

附：

（7-1）

收　　据

2014 年 12 月 05 日　　　　　　NO 816745

科目		库存现金
摘　要		生产部职工孙丽违章操作罚款
金 额	人民币（大写）	捌佰圆整　　¥800.00
	单位财务章	广州长城机械有限责任公司财务专用章

会计：　　复核：　　经手人　　交款人：孙丽

（7-2）

罚 款 通 知

财务部：

生产部孙丽违章操作，造成机器设备严重损坏，经研究决定对孙丽同志予以 800 元罚款。

总经理：张明　　　　　　财务部：王波

2014 年 12 月 05 日　　　　2014 年 12 月 05 日

广州长城机械有限责任公司财务专用章

8. 偿还前欠款

附：

（8-1）

中国工商银行电汇凭证（回单）

委托日期　2014 年 12 月 06 日　　　　第 001 号

汇款人	全称	广州长城机械有限责任公司	收款人	全称	中天公司		
	账号或地址	广州市白云区白云大道 20 号		账号或地址	369213280445		
	汇出地点	广州白云		汇入地点	建行天河支行	汇入行名称	广州天河

金额	人民币（大写）	千	百	十	万	千	百	十	元	角	分
	捌万圆整			¥	8	0	0	0	0	0	0

汇款用途：支付前欠票据款项

工商银行白云支行 2014.12

此联汇出行凭以拍发电报

9. 支付上月的水电费

附：

(9-1)

广东增值税专用发票　　　　NO 20141206

发票联　　　　开票日期： 2014 年 12 月 06 日

国家统一发票监制章　国家税务总局

购货单位名称：广州长城机械有限责任公司 纳税人识别号：310105926795326 地 址、电 话：广州市白云区白云大道 20 号 38786… 开户行账 号 ：工商银行白云支行 0032-6120-0408			密码区	66/-3947/->59*<818<41 7>/0/433>2*3-0+672<7* 5+-<<51+41+>*>58*8460 190012<42+*31/58>>81			
货物或应税劳务名称	规格型号	单位	数量	单价	金额	税率	税额
水费		平方米	650	4.5	2 925.00	0.13	380.25
合　计			650		2 925.00		380.25
价税合计（大写）	叁仟叁佰零伍元贰角伍分　（小写）￥3 305.25						
销货单位名称：广州市供水总公司 纳税人识别号：31678053321 地址、电话：广州市西江路 1 号			备注	广州市供水总公司 31678053321 发票专用章			

收款人：　　复核：　　开票人：　　销货单位：（章）

第二联：发票联

（第三联抵扣联略）

(9-2)

广东增值税专用发票　　　　NO 2014123

发票联　　　　开票日期： 2014 年 12 月 06 日

国家统一发票监制章　国家税务总局

购货单位名称：广州长城机械有限责任公司 纳税人识别号：310105926795326 地 址、电 话：广州市白云区白云大道 20 号 38786… 开户行账 号 ：工商银行白云支行 0032-6120-0408			密码区	66/-3947/->59*<818<41 7>/0/433>2*3-0+672<7* 5+-<<51+41+>*>58*8460 190012<42+*31/58>>81			
货物或应税劳务名称	规格型号	单位	数量	单价	金额	税率	税额
电费		度	10000	0.8	8 000.00	0.17	1 360.00
合　计			10000		8 000.00		1 360.00
价税合计（大写）	玖仟叁佰陆拾元整　（小写）￥ 9 360.00						
销货单位名称：广州市供电总公司 纳税人识别号：3167805111 地址、电话：广州市河西路 130 号			备注	广州市供电总公司 3167805111 发票专用章			

收款人：　　复核：　　开票人：　　销货单位：（章）

第二联：发票联

（第三联抵扣联略）

(9-3)	用水量（立方米）	单价（元/立方米）	合计金额（元）	备注
行政管理部门	300	4.5	1 350	
生产部门	200	4.5	900	机加工车间和装配车间各一半
销售部门	150	4.5	675	
合计	650	4.5	2 925	

(9-4) 部门	用电量（度）	单价（元/度）	合计金额（元）	备注
行政管理部门	4000	0.8	3 200	
生产部门	5000	0.8	4 000	机加工车间和装配车间各一半
销售部门	1000	0.8	800	
合计	10000	0.8	8 000	

（9-5）

委托收款凭证（付款通知）

邮　　2014 年 12 月 6 日　　委托号:00333

付款人	全称	广州长城机械有限责任公司	收款人	全称	广州市供水总公司
	账号	0032-6120-0408		账号	0032-6120-1122
	开户银行	工商银行白云支行		开户银行	工商银行西区支行

人民币（大写）	叁仟叁佰零伍元贰角伍分	千	百	十	万	千	百	十	元	角	分
					¥	3	3	0	5	2	5

款项内容	水费	委托收款凭证名称		附寄单证	1 张
备注：		款项收托日期 年 月 日		收款人开户行盖章	

单位主管　　会计　　复核　　记账

（9-6）

委托收款凭证（付款通知）

邮　　2014 年 12 月 6 日　　委托号:00311

付款人	全称	广州长城机械有限责任公司	收款人	全称	广州市供电总公司
	账号	0032-6120-0408		账号	0032-6120-1442
	开户银行	工商银行白云支行		开户银行	工商银行河西支行

人民币（大写）	玖仟叁佰陆拾元整	千	百	十	万	千	百	十	元	角	分
					¥	9	3	6	0	0	0

款项内容	电费	委托收款凭证名称		附寄单证	1 张
备注：		款项收托日期 年 月 日		收款人开户行盖章	

单位主管　　会计　　复核　　记账

10. 购买 RS6 机体、RS7 机体原材料

附：

（10-1）

材 料 入 库 验 收 单

售货单位：中天公司　　验字第 001 号

单据号数：　　2014 年 12 月 08 日

材料编号	名称及规格	计量单位	数量		实际金额	
			采购	实收	单价（元）	总价（元）
			40	40	620	24 800
	RS6 机体	件	计划价格		运费	
验收意见			单价（元）	总价（元）		
入库时间	2014 年 12 月 8 日		600	24 000	合计	24 800

仓库主管：　　收料员：　　经办人：　　制单：

（10-2）

广东增值税专用发票　　N020141201

发票联　　开票日期：2014 年 12 月 08 日

（国家统一发票监制章 国家税务总局监制）

购货单位名称：广州长城机械有限责任公司 纳税人识别号：310105926795326 地 址、电 话：广州市白云区白云大道 20 号 38786888 开户行账 号 ：工商银行白云支行 0032-6120-0408				密码区	66/-3947/->59*<818<41 7>/0/433>2*3-0+672<7* 5+-<<51+41+>*>58*8460 190012<42+*31/58>>81		
货物或应税劳务名称	规格型号	单位	数量	单价	金额	税率	税额
RS6 机体		件	40	620.00	24 800.00	0.17	4 216.00
RS7 机体		件	50	320. 00	16 000.00	0.17	2 720.00
合　计					40 800.00		6 936.00
价税合计（大写）	肆万柒千柒佰叁拾陆元整　（小写）￥47 736.00						
销货单位名称：中天公司 纳税人识别号：316780529811 地址、电话：广州市天河路 110 号 开户行及账号：建行天河支行 369213286445				备注	（中天公司 316780529811 发票专用章）		

第二联：发票联

收款人：　　复核：　　开票人：　　销货单位：（章）

（第三联抵扣联略）

（10-3）

材料入库验收单

售货单位：　中天公司　　　　验字第 002 号

单据号数：　　　　2014 年 12 月 08 日

材料编号	名称及规格	计量单位	数量		实际金额	
			采购	实收	单价（元）	总价（元）
			50	50	320	16 000
	RS7 机体	件	计划价格		运费	
验收意见			单价（元）	总价（元）		
入库时间	2014 年 12 月 8 日		350	17 500	合计	16 000

仓库主管：　　收料员：　　经办人：　　制单：

（10-4）

商业承兑汇票（存根）　　汇票号码

签发日期：2014 年 12 月 08 日　　第 1201 号

付款人	全　称	广州长城机械有限责任公司	收款人	全　称	中天公司										
	账　号	0032-6120-0408		账　号	369213286445										
	开户银行	工商银行白云支行		开户银行	建行天河支行										
汇票金额		人民币 （大写）壹万柒仟柒佰叁拾陆圆整			千	百	十	万	千	百	十	元	角	分	
							￥	1	7	7	3	6	0	0	
汇票到期日		贰零壹零年零贰月零捌日	交易合同号码												
		广州长城机械有限责任公司财务专用章			张明										

此联签发人存查

11. 开立采购专户并采购成品柴油

附：

(11-1)

汇款人	全　称	广州长城机械有限责任公司	收款人	全　称	广州长城机械有限责任公司	
	账号或地址	0032-6120-0408		账号或地址		
	汇出地点	广州白云		汇入地点	江门	汇入行名称 工行江门分行
金额	人民币（大写）	陆万圆整				千 百 十 万 千 百 十 元 角 分 ¥ 6 0 0 0 0 0 0
上列款项已根据委托办理，如查询，请持此回单来行面洽。						
单位主管：	会计：	复核：	记账：		年 月 日	

工商银行 白云支行 2014.12

此联是汇出行给汇款单位的回单

(11-2)

广东增值税专用发票　　NO 2014331

国家统一发票监制章 国家税务总局 监制

发票联　　开票日期：　2014 年 12 月 08 日

购货单位名称：广州长城机械有限责任公司 纳税人识别号：310105926795326 地 址、电 话：广州市白云区白云大道 20 号 38786888 开户行账 号 ：工商银行白云支行 0032-6120-0408				密码区	66/-3947/->59*<818<41 7>/0/433>2*3-0+672<7* 5+-<<51+41+>*>58*8460 190012<42+*31/58>>81		
货物或应税劳务名称	规格型号	单位	数量	单价	金额	税率	税额
柴油		吨	6	7800.00	46 800.00	0.17	7 956.00
合　计			10000		46 800.00		7 956.00
价税合计（大写）	伍万肆仟柒佰伍拾陆元整			（小写）￥ 54 756.00			
销货单位名称：广州市奇力柴油公司 纳税人识别号：3167223 地址、电话：广州市河西路 11 号				备注	广州市奇力柴油公司 3167223 发票专用章		

收款人：　　复核：　　开票人：　　销货单位：（章）

第二联：发票联

（第三联抵扣联略）

(11-3)

领　料　单

材料类别：辅料　　　　　领用部门编号：

领用部门：配电车间　　2014 年 12 月 08 日　　发料部门编号：

材料编号	名称及规格	计量单位	数量 请领数	数量 实发数	金额 单价（元）	金额 总价（元）
	柴油	吨	6	6	7800	46 800
合计				6		46 800
用途	用于发电					

仓库主管：　　材料会计：　　领料员：　　经办人：　　制单：

12. 收到开户行转来的银行汇票余款

附：

(12-1)

中国工商银行　　汇号

银行信汇（多余款收款通知）

出票日期（大写）贰零壹肆年壹拾贰月零捌日		代理付款行：工行　行号：0032-6120-0408	
收款人　广州长城机械有限责任公司		账号	
出票金额　人民币（大写）陆万圆整			
实际结算金额　人民币（大写）伍万肆仟柒佰伍拾陆元整		千百十万千百十元角分	¥ 5 4 7 5 6 0 0
申请人：广州长城机械有限责任公司		账号：0032-6120-0408	
备注： 银行签章 2014 年 12 月 9 日 注：此联由银行结清多余款项后交申请人		密码 多余金额 千百十万千百十元角分 ¥ 5 2 4 4 0 0	左列退回多金额已收入你账户内

工商银行 2014.12

13. 报废管理设备

附：

(13-1)

固定资产报废单

2014 年 12 月 09 日　　编号　024

固定资产名称	管理设备	本月提折旧额	3 167	备注
账面原值	200 000	净残值	5%	
可折旧金额	190 000	月折旧率		
已提折旧	38 000	累计已提折旧	41 167	
报废理由	意外事故致			
处理意见	技术鉴定小组	使用部门	管理部门	企业主管领导
	同意报废	同意	同意	张明

(13－2)

报废单

因意外事故报废一台管理用设备，原价格 200 000 元，已提折旧额 38 000 元，未计提减值准备，另向保险公司申请赔偿。

经办人：李英

审批人：张明

2014 年 12 月 9 日

(13-3)

中国工商银行
现金支票存根
No. 338887891

科　　目 ________
对方科目 ________

出票日期 2014 年 12 月 09 日

收款人：广州东方公司
金　额：900.00
用　途：付清理费

单位主管：　　　会计：

(13-4)

广州市商业企业专用发票
发票联

客户名称：广州长城机械有限责任公司

编号	商品名称	规格	单位	数量	单价	金额 十	万	千	百	十	元	角
1	设备残值							3	0	0	0	0
小写金额合计							￥	3	0	0	0	0
大写金额		叁仟元整										

开票单位：广州设备制造厂　　　开票人：　　　2014 年 12 月 09 日

(13-5)

中国工商银行进账单（收账通知）

2014 年 12 月 09 日　　　第 008 号

付款人	全称	广州设备制造厂	收款人	全称	广州长城机械有限责任公司	此交联给是收收款人开户通知
	账号	444466355		账号	0032-6120-0408	
	开户银行	工行埔黄支行		开户银行	工商银行白云支行	

人民币(大写)	叁仟元整	千	百	十	万	千	百	十	元	角	分
					￥	3	0	0	0	0	0
票据种类	转账支票										
票据张数	1 张										
单位主管　会计　复核　记账		收款人开户行盖章									

注：暂不结转处置损益

14. 取得交易性金融资产

附：

（14-1）

股票交易账户资产情况表

编制部门：财务科　　2014 年 12 月 09 日　　金额单位：元

项目 日期	总资产	现金	证券					
			股票名称	股票代码	股票数量	成本价	交易费	尚未支付的股利
2014-12-09			广州冷机股票	600663	5 000	54 500	80	5 500
合　计					5 000	54 500	80	5 500

会计主管：王波　　审核：杨平　　会计：赵梅　　出纳：张红

15. 报销办公用品费

附：

（15-1）

广州长城机械有限责任公司费用报销单

2014 年 12 月 10 日

报销人	朱卫	部门	总经理办公室		预借款	—
费用项目		金额	审核意见	部门主管	同意。朱卫	
办公用品		500.00				
				财务主管	同意。王波	
金额合计	（人民币大写）伍佰元整		（小写）￥500.00			

会计主管：王波　　审核：杨平　　会计：赵梅　　出纳：张红

（15-2）

广东增值税专用发票　　NO 203201

国家统一发票监制章　国家税务总局监制

发票联　　开票日期：2014 年 12 月 10 日

购货单位			密码区				
购货单位名称：广州长城机械有限责任公司			密码区	66/-3947/->59*<818<41			
纳税人识别号：310105926795326				7>/0/433>2*3-0+672<7*			
地 址、电 话：广州市白云区白云大道 20 号 38786888				5+-<<51+41+>*>58*8460			
开户行账 号 ：工商银行白云支行 0032-6120-0408				190012<42+*31/58>>81			
货物或应税劳务名称	规格型号	单位	数量	单价	金额	税率	税额
办公用品		箱	1	427.35	427.35	0.17	72.65
合　计					427.35		72.65
价税合计（大写）	伍佰元整				（小写）￥500.00		
销货单位名称：丰华文具公司			备注	丰华文具公司 313420529812 发票专用章			
纳税人识别号：313420529812							
地址、电话：广州市东表路 10 号							
开户行及账号：建行东表支行 36921328621							

第三联：发票联

收款人：　　复核：　　开票人：　　销货单位：（章）

（第三联抵扣联略）

16. 汇算清缴应纳流转税税款

附：

（16-1）

中华人民共和国(2014) NO 0652276 国

税收通用缴款书

隶属关系： 缴款书号码：

注册类型：有限责任公司 填发日期：2014 年 12 月 10 日 征收机关：白云区国税

缴款单位（人）	代码	234567	预算科目	编码	10110001
	全称	广州长城机械有限责任公司		名称	工业企业增值税
	开户银行	工商银行白云支行		级次	
	账号	0032-6120-0408	收款国库		工商白云分理处
缴款所属时间：		2014-11-01 至 30	税款限缴日期：2014 年 12 月 10 日		

品目名称	课税数量	计税金额或销售收入	税率	已缴或扣除	实缴金额
工业(17%)			0.17	0	32 545.45
金额合计	（大写）叁万贰仟伍佰肆拾伍圆肆角伍分				¥32 545.45
缴款单位（人）（盖章）	税务机关（盖章） 填票人（章）	上列款项已收妥并划转收款单位账户 国库（银行）盖章 2014 年 12 月 10 日		备注：	

逾期不缴按税法规定加收滞纳金

无银行收讫章无效

第一联 收据 国库银行收款盖章后退缴款单位作完税凭证

2014.12

财务专用章

（16-2）

中华人民共和国(2014) NO 0652276 国

税收通用缴款书

隶属关系： 缴款书号码：

注册类型：有限责任公司 填发日期：2014 年 12 月 10 日 征收机关：白云区国税

缴款单位（人）	代码	234567	预算科目	编码	10110001
	全称	广州长城机械有限责任公司		名称	工业企业增值税
	开户银行	工商银行白云支行		级次	
	账号	0032-6120-0408	收款国库		工商白云分理处
缴款所属时间：		2014-11-01 至 30	税款限缴日期：2014 年 12 月 10 日		

品目名称	课税数量	计税金额或销售收入	税率	已缴或扣除	实缴金额
工业(17%)			0.17	0	32 545.45
金额合计	（大写）叁万贰仟伍佰肆拾伍圆肆角伍分				¥32 545.45
缴款单位（人）（盖章） 财务人（章）	税务机关（盖章） 填票人（章）	上列款项已收妥并划转收款单位账户 国库（银行）盖章 2014 年 12 月 10 日		备注：	

逾期不缴按税法规定加收滞纳金

无银行收讫章无效

第二联 付款凭证 缴款单位的支付凭证，开户银行作借方传票

2014.12

（16-3）

中国工商银行电子缴税付款凭证

中国工商银行　　转账日期：2014 年 12 月 10 日　　凭证字号　　凭证

纳税人全称及纳税人识别号：广州长城机械有限责任公司　310105926795326

付款人全称：广州长城机械有限责任公司　　征收机关名称：白云区国税

付款人账号：0032-6120-0408　　收款国库（银行）名称：工商白云分理处

付款人开户银行：：工商银行白云支行　　缴款书交易流水号：

小写（合计）金额：¥32 545.45　　税票号码：

大写（合计）金额：叁万贰仟伍佰肆拾伍圆肆角伍分

税（费）种名称　　所属日期　　实缴金额

增值税　　20141101-20141130　　¥32 545.45

第一次打印　　打印时间：2014 年 12 月 10 日 10 时 28 分

第二联　　作付款回单（无银行收讫章无效）　　复核　　记账

（16-4）

广州市地方税务局票证专用（2014）　　NO 3828934

电子缴库专用缴款书

填发日期：2014 年 12 月 10 日

☑已申报　　申报序号：0618588671098432　　☐未申报

纳税人计算机代码	0645881	征收机关代码	21100000000
纳税人名称	广州长城机械有限责任公司	征收机关名称	白云区地方税务局
付款人名称	广州长城机械有限责任公司	收款国库名称	
付款人开户银行名称	中国工商银行白云支行	国库清算行号	1111000003
付款人账号	0032-6120-040		
纳税项目名称	计税金额	税率	实缴金额
城市维护建设税		7%	2 278.18
教育费附加		3%	976.37
金额合计（大写）：	叁仟贰佰伍拾肆圆伍角伍分	金额合计（小写）	¥3 254.55
缴款单位（人）（盖章）经办人（章）	税务机关（盖章）填票人（章）	银行记账员盖章	备注：

（16-5）

中国工商银行电子缴税付款凭证

中国工商银行　　转账日期：2014 年 12 月 10 日　　凭证字号　　凭证

纳税人全称及纳税人识别号：广州长城机械有限责任公司　310105926795326

付款人全称：广州长城机械有限责任公司　　征收机关名称：白云区国税

付款人账号：0032-6120-0408　　收款国库（银行）名称：工商白云分理处

付款人开户银行：：工商银行白云支行　　缴款书交易流水号：

小写（合计）金额：¥3254.55　　税票号码：

大写（合计）金额：叁仟贰佰伍拾肆圆伍角伍分

税（费）种名称　　所属日期　　实缴金额

城市维护建设税　　20141101-20141130　　¥3 254.55

教育费附加

第一次打印　　打印时间：2014 年 12 月 10 日 10 时 28 分

第二联　　作付款回单（无银行收讫章无效）　　复核　　记账

17. 购买生产用固定资产

附：

（17-1）

广东增值税专用发票

N020141202

发票联　　开票日期：2014 年 12 月 10 日

（印章：国家统一发票监制章 国家税务总局）

购货单位名称：广州长城机械有限责任公司 纳税人识别号：310105926795326 地 址、电 话：广州市白云区白云大道 20 号 38786888 开户行账 号 ：工商银行白云支行 0032-6120-0408				密码区	66/-3947/->59*<818<41 7>/0/433>2*3-0+672<7* 5+-<<51+41+>*>58*8460 190012<42+*31/58>>81		
货物或应税劳务名称	规格型号	单位	数量	单价	金额	税率	税额
机床		台		90 000.00	90 000.00	0.17	15 300.00
合 计					¥90 000.00		¥15 300.00
价税合计（大写）	壹拾万伍仟叁佰圆整				（小写）¥105 300.00		
销货单位名称：光华设备制造厂 纳税人识别号：118925087613 地址、电话：深圳福田区富康路 110 号 开户行及账号：建设深圳支行 544699879632				备注	（印章：光华设备制造厂 118925087613 发票专用章）		

收款人：　　复核：　　开票人：　　销货单位：（章）

第二联：发票联

（第三联抵扣联略）

（17-2）

中国工商银行 电 汇 凭证（回单）

委托日期　2014 年 12 月 10 日　　第 002 号

汇款人	全 称	广州长城机械有限责任公司	收款人	全 称	深圳光华设备制造厂
	账号或地址	0032-6120-0408		账号或地址	544699879632
	汇出地点	广州白云		汇入地点	深圳　汇入行名称：深圳支行
金额	人民币（大写）	壹拾万伍仟叁佰圆整		千 百 十 万 千 百 十 元 角 分	¥ 1 0 5 3 0 0 0 0

上列款项已根据委托办理，如查询，请持此回单来行面洽。

单位主管：　　会计：　　复核：　　记账：　　年 月 日

（印章：工商银行白云支行 2014.12）

此联是汇出行给汇款单位的回单

（17-3）

货物运输增值税专用发票

NO 2456782

发票联

开票日期：2014年12月10日

承运人及纳税人识别号：深圳迅捷运输公司 2222235926795		密码区	略
实际受票方及纳税人识别号：广州长城机械有限责任公司 310105926795326			
收货人及纳税人识别号：	光华设备制造厂 118925087613	发货人及纳税人识别号：	广州长城机械有限责任公司 310105926795326
起运地、经由、到达地	略		
费用项目金额	运费　651.00	运输货物信息	机床

合计金额	￥651.00	税率	11%	税额	￥71.61	机器编号	略	
价税合计（大写）	柒佰贰拾贰元陆角壹分					（小写）￥722.61		
车种车号	略	车船吨位	略	备注	深圳迅捷运输公司 发票专用章			
主管税务机关及代码	广州市白云区国家税务局 78990765443							

收款人：　　复核人：　　开票人：　　承运人：（章）

第二联：发票联

（17-4）

固定资产验收单

售货单位：深圳光华设备制造厂　　验字第001号

单据号数：　　2014年12月10日

编号	名称及规格	计量单位	数量	造价	使用年限	安装费	预计残值
	机床	台	1	90 651.00	10	0	1 000.00
验收意见	同意						
入库时间	2014年12月10日				合计		90 651.00

设备科：

（17-5）

中国工商银行

转账支票存根

No.338887891

科　　目 ______

对方科目 ______

出票日期 2014年12月10日

收款人：深圳迅捷运输公司
金　额：722.61
用　途：付运输费

单位主管：　　会计：

18. 领取备用金

附：

（18-1）

借 款 单（记账）

2014 年 12 月 10 日　　　　顺序第 022 号

借款单位	销售部	姓名	李华	级别	主管			
事由	定额备用金		借款金额（大写）	叁仟元整				
单位负责人签名	张明		借款人签章	李华	出纳	张红	财务部主管	王波

第三联借款记账凭证

19. 销售商品

附：

（19-1）

广东增值税专用发票

记账联

N020141202

开票日期：2014 年 12 月 11 日

名称：五一集团 纳税人识别号：210228512387 地址、电话：江门市建外大街 18 号 8888888 开户行及账号：工行建外支行 523886521033	密码区	67/-3947/->59*<818<90 7>/0/433>2*3-0+672<7* 1+-<<51+41+>*>58*8460 7650000<56+*31/58>>45

货物或应税劳务名称	规格型号	单位	数量	单价	金额	税率	税额
RS6 压缩机		台	100	3000.00	300 000.00	0.17	51 000.00
RS7 压缩机		台	50	3200.00	160 000.00	0.17	27 200.00
合　计					460 000.00		78 200.00
价税合计（大写）	伍拾叁万捌仟贰佰元整			（小写）￥538 200.00			

销货单位名称：广州长城机械有限责任公司 纳税人识别号：310105926795326 地址、电话：广州市白云区白云大道 20 号 020-38786888 开户行及账号：工商银行白云支行 0032-6120-0408	备注	广州市长城机械有限责任公司 310105926795326 发票专用章

收款人：　　复核：　　开票人：　　销货单位：（章）

第一联：记账联

（19-2）

产 品 出 库 单

编号：20141202

编制部门：仓库　　2014 年 12 月 11 日　　金额单位：元

名称	规格	单位	数量	单价	总价	备注
RS6 压缩机	RS6	台	100	-	-	单位成本按全月一次加权平均法
RS7 压缩机	RS7	台	50	-	-	单位成本按全月一次加权平均法
合　计	-	-	-	-	-	

仓库主管：　　材料会计：　　领料员：　　经办人：　　制单：

（19-3）

委托收款凭证（回单）

邮　　2014 年 12 月 11 日　　委托号:00324

付款人	全称	五一集团	收款人	全称	广州长城机械有限责任公司
	账号	523892007		账号	0032-6120-0408
	开户银行	工行建外支行		开户银行	工商银行白云支行

人民币（大写）	千	百	十	万	千	百	十	元	角	分
伍拾叁万玖仟肆佰圆整		¥	5	3	9	4	0	0	0	0

款项内容	销售货物、代垫运费	委托收款凭证名称	附寄单证　张
备注：	款项收托日期 2014 年 12 月 11 日	收款人开户行盖章	工商银行 白云支行 2014.12
单位主管	会计	复核	记账

注:货物运输增值税专用发票受票方是五一集团

20. 向灾区捐赠

附：

（20-1）

专用收款收据

2014 年 12 月 11 日

付款单位（付款人）	广州长城机械有限责任公司	收款单位（收款人）	广州市红十字会	收款项目	救灾款

人民币（大写）	千	百	十	万	千	百	十	元	角	分
壹万陆仟元整			¥	1	6	0	0	0	0	0

收款事由	捐赠救灾款	经办部门	
会计主管	稽核	出纳	交款人
王波		张红	张红

（广州市红十字会 财务专用章）

（20-2）

中国工商银行
转账支票存根
No. 338899491

科　　目＿＿＿＿＿＿
对方科目＿＿＿＿＿＿
出票日期 2014 年 12 月 11 日

收款人：	广州市红十字会
金　额：	16 000.00
用　途：	捐赠

单位主管：　　　会计：

21. 机加工车间领用原材料

附：

(21-1)

领　料　单

材料类别：原料及主要材料　　　　　　　　　　　　　　　领用部门编号：

领用部门：机加工车间　　　　2014 年 12 月 12 日　　　　发料部门编号：

材料编号	名称及规格	计量	数量		金额	
		单位	请领数	实发数	单价（元）	总价（元）
	RS6 机体	件		100	600	60 000
合计				100		60 000
用途	用于生产 RS6 主机					

仓库主管：　　材料会计：　　领料员：　　经办人：　　制单：

(21-2)

领　料　单

材料类别：原料及主要材料　　　　　　　　　　　　　　　领用部门编号：

领用部门：机加工车间　　　　2014 年 12 月 12 日　　　　发料部门编号：

材料编号	名称及规格	计量	数量		金额	
		单位	请领数	实发数	单价（元）	总价（元）
	RS7 机体	件		120	350	42 000
合计				120		42 000
用途	用于生产 RS7 主机					

仓库主管：　　材料会计：　　领料员：　　经办人：　　制单：

22. 采购低值易耗品

附：

(22-1)

中国工商银行

转账支票存根

No. 336678491

科　　目__________

对方科目__________

出票日期 2014 年 12 月 12 日

收款人：华南康达公司
金　额：17 901.00
用　途：采购低值易耗品

单位主管：　　　会计：

(22-2)

广东增值税专用发票 N02014330

发票联 开票日期：2014 年 12 月 12 日

购货单位名称：广州长城机械有限责任公司 纳税人识别号：310105926795326 地 址、电 话：广州市白云区白云大道 20 号 38786888 开户行账 号：工商银行白云支行 0032-6120-0408				密码区	66/-3947/->59*<818<41 7>/0/433>2*3-0+672<7* 5+-<<51+41+>*>58*833 190012<42+*31/58>>81		
货物或应税劳务名称	规格型号	单位	数量	单价	金额	税率	税额
车刀		把	10	850.00	8 500.00	0.17	1 445.00
磨具		个	10	680.00	6 800.00		1 156.00
合 计					15 300.00		2 601.00
价税合计（大写）	壹万柒仟玖佰零壹元整				（小写）￥17 901.00		
销货单位名称：华南康达公司 纳税人识别号：519781108075 地址、 电话：广州市海珠区宝岗大道 3 号 开户行及账号：农行海珠支行 318753897154				备注	华南康达公司 519781108075 发票专用章		

收款人： 复核： 开票人： 销货单位：（章）

第二联：发票联

（第三联抵扣联略）

(22-3)

材 料 入 库 验 收 单

售货单位：华南康达公司 验字第 004 号

单据号数： 2014 年 12 月 12 日

材料编号	名称及规格	计量单位	数量		实际金额	
			采购	实收	单价（元）	总价（元）
			10	10	850	8 500
	低值易耗品车刀	把	计划单价		运费	
验收意见			单价（元）	总价（元）		
入库时间	2014 年 12 月 12 日				合计	8 500

仓库主管： 材料会计： 收料员： 经办人： 制单：

(22-4)

材 料 入 库 验 收 单

售货单位：华南康达公司 验字第 004 号

单据号数： 2014 年 12 月 12 日

材料编号	名称及规格	计量单位	数量		实际金额	
			采购	实收	单价（元）	总价（元）
			10	10	680	6 800
	低值易耗品磨具	个	计划单价		运费	
验收意见			单价（元）	总价（元）		
入库时间	2014 年 12 月 12 日				合计	6 800

仓库主管： 材料会计： 收料员： 经办人： 制单：

23. 购买机物料

附：

（23-1）

广州市五金业统一发票

2014 年 12 月 13 日

NO：76886

客户名称	广州长城机械有限责任公司			地址	白云区白云大道 20 号						
项目	摘要	单位	数量	单价	金额						
					万	千	百	十	元	角	分
机物料		桶	10	250.00		2	5	0	0	0	0
合计金额（大写）	贰仟伍佰元整					￥2	5	0	0	0	0
注：盖有公章，否则报销无效。											
服务单位：	广州白云五金用品店			地址	白云大道 108 号						

开票人：赵小云　　收款人：李明月　　收款单位：（章）

广州市白云五金用品店 发票专用章

（23-2）

中国工商银行

转账支票存根

No. 336677791

科　　目________

对方科目________

出票日期 2014 年 12 月 13 日

收款人：	广州白云五金用品店
金　额：	2 500.00
用　途：	车间用

单位主管：　　会计：

24. 生产（主机）领用低值易耗品

附：

（24-1）

材 料 领 用 单

材料类别：周转材料　　领用部门编号：

领用部门：机加工车间　　2014 年 12 月 13 日　　发料部门编号：

材料编号	名称及规格	计量单位	数量		实际成本	
			请领数	实发数	单位成本（元）	总金额（元）
	磨具	个		4	650.	2 600
合计			￥2 600.00			
用途	生产主机用					

仓库主管：　　材料会计：　　领料员：　　经办人：　　制单：

（24-2）

材料领用单

材料类别：周转材料　　　　领用部门编号：

领用部门：机加工车间　　2014年12月13日　　发料部门编号：

材料编号	名称及规格	计量单位	数量		实际成本	
			请领数	实发数	单位成本（元）	总金额（元）
	车刀	把		15	900	13 500
合计			￥13 500.00			
用途	生产主机用					

仓库主管：　材料会计：　领料员：　经办人：　制单：

25. 生产（压缩机）领用低值易耗品

附：

（25-1）

材料领用单

材料类别：周转材料　　　　领用部门编号：

领用部门：装配车间　　2014年12月13日　　发料部门编号：

材料编号	名称及规格	计量单位	数量		实际成本	
			请领数	实发数	单位成本（元）	总金额（元）
	车刀	把		5	900	4 500
合计			￥4 500.00			
用途	生产压缩机用					

仓库主管：　材料会计：　领料员：　经办人：　制单：

（25-2）

材料领用单

材料类别：周转材料　　　　领用部门编号：

领用部门：装配车间　　2014年12月13日　　发料部门编号：

材料编号	名称及规格	计量单位	数量		实际成本	
			请领数	实发数	单位成本（元）	总金额（元）
	磨具	个		2	680	1 360
合计			￥1 360.00			
用途	生产压缩机用					

仓库主管：　材料会计：　领料员：　经办人：　制单：

26. 支付机修费

附：

（26-1）

广州市服务业通用发票

2014 年 12 月 14 日

客户名称	广州长城机械有限责任公司			地址	白云大道 20 号							
项目	摘要	单位	数量	单价	金额							
					十	万	千	百	十	元	角	分
机修费	检修生产车间设备			32000.00		3	2	0	0	0	0	0
合计金额（大写）	叁万贰仟元整				¥	3	2	0	0	0	0	0
注：盖有公章，否则报销无效。												
服务单位：	广州正达修理有限公司			地址	白云大道 88 号							

（印章：广州正达修理有限公司 发票专用章）

（26-2）

中国工商银行

转账支票存根

No. 336677791

科　　目__________

对方科目__________

出票日期 2014 年 12 月 14 日

收款人：	广州正达修理有限公司
金　额：	32 000.00
用　途：	检修生产车间设备

单位主管：　　　会计：

27. 提现备用

附：

（27-1）

中国工商银行

现金支票存根

No. 333456791

科　　目__________

对方科目__________

出票日期 2014 年 12 月 14 日

收款人：	广州长城机械有限责任公司
金　额：	3 000.00
用　途：	以备零用

单位主管：　　　会计：

28. 购入材料货到单未到

附：

（28-1）

材料入库验收单

售货单位：中天公司　　　　　　验字第 003 号

单据号数：　　　　2014 年 12 月 15 日

材料编号	名称及规格	计量单位	数量		实际金额	
			采购	实收	单价（元）	总价（元）
			10	10	725	7 250
	RS6 机体	件	计划单价		运费	
验收意见			单价（元）	总价（元）		
入库时间	2014 年 12 月 15 日				合计	7 250

仓库主管：　　收料员：　　经办人：　　制单：

29. 支付研发款项

附：

（29-1）

中国工商银行
转账支票存根
No. 33888791

科　　目________

对方科目________

出票日期 2014 年 12 月 15 日

收款人：中天公司
金　额：50 000.00
用　途：研发支出款

单位主管：　　会计：

30. 收到前欠货款及运费

附：

（30-1）

中国工商银行进账单（收账通知）

2014 年 12 月 15 日　　　　第 001 号

付款人	全称	高科集团	收款人	全称	广州长城机械有限责任公司	此联是收款人开户行交给收款人的收账通知
	账号	435465768768		账号	00[illegible]2-6120-0408	
	开户银行	工行黄埔支行		开户银行	工商银行白云支行	

人民币（大写）	柒万伍仟元整	千	百	十	万	千	百	十	元	角	分
				¥	7	[illegible]	0	0	0	0	0

票据种类	转账支票
票据张数	1 张
单位主管　会计　复核　记账	收款人开户行盖章

工商银行
白云支行
2015.12.15

31. 偿还前欠货款

附：

（31-1）

中国工商银行

转账支票存根

No. 30366791

科　　目________

对方科目________

出票日期 2014 年 12 月 15 日

收款人：长安公司	
金　额：150 000.00	
用　途：购货款	

单位主管：　　　　会计：

32. 转让无形资产

附：

（32-1）

广东增值税专用发票

N020141203

记账联

国家税务总局监制

开票日期：2014 年 12 月 16 日

名称：五一集团 纳税人识别号：210228512387 地址、电话：江门市建外大街 18 号 8888888 开户行及账号：工行建外支行 523886521033				密码区	67/-3947/->59*<818<90 7>/0/433>2*3-0+672<7* 1+-<<51+41+>*>58*8460 7650000<56+*31/58>>45		
货物或应税劳务名称	规格型号	单位	数量	单价	金额	税率	税额
H8 技术			1	120000.00	120000.00	0.06	7200.00
合　计					120000.00		7200.00
价税合计（大写）	壹拾贰万柒仟贰佰元整				（小写）¥127200.00		
销货单位名称：广州长城机械有限责任公司 纳税人识别号：310105926795326 地址、电话：广州市白云区白云大道 20 号 020-38786888 开户行及账号：工商银行白云支行 0032-6120-0408				备注	广州市长城机械有限责任公司 310105926795326 发票专用章		

收款人：　　　复核：　　　开票人：　　　销货单位：（章）

第一联：记账联

（32-2）

中国工商银行进账单（收账通知）

2014 年 12 月 16 日　　　　　　第 005 号

付款人	全称	五一集团	收款人	全称	广州长城机械有限责任公司	备注
	账号	523886521033		账号	0032-6120-0408	
	开户银行	工行建外支行		开户银行	工商银行白云支行	

人民币（大写）	千	百	十	万	千	百	十	元	角	分
壹拾贰万柒仟贰佰元整		¥	1	2	7	[illegible]	0	0	0	0

票据种类	转账支票
票据张数	1 张

单位主管　会计　复核　记账　　　收款人开户行盖章

工商银行 白云支行 2014.12

（32-3）

无形资产处置单

2014 年 12 月 16 日　　　　　　编号　025

无形资产名称	专利权	账面原值	100 000	备注
累计摊销金额	20 000	净残值	0	
处理意见	技术鉴定小组	使用部门	管理部门	企业主管领导
	同意	同意	同意	张明

33. 支付广告费

附：

（33-1）

中国工商银行

转账支票存根

No. 30366791

科　　目__________

对方科目__________

出票日期　2014 年 12 月 17 日

收款人：广州高明广告有限公司
金　额：6360
用　途：广告费

单位主管：　　　　会计：

(33-2)

广东增值税专用发票

发票联

NO 2014331

开票日期：　2014 年 12 月 17 日

购货单位名称：广州长城机械有限责任公司 纳税人识别号：310105926795326 地 址、电 话：广州市白云区白云大道 20 号 38786888 开户行账 号 ：工商银行白云支行 0032-6120-0408				密码区	66/-3947/->59*<818<41 7>/0/433>2*3-0+672<7* 5+-<<51+41+>*>58*8460 190012<42+*31/58>>81		
货物或应税劳务名称	规格型号	单位	数量	单价	金额	税率	税额
广告费			1	6 000.00	6 000.00	0.06	360.00
合　计			10000		6 000.00		360.00
价税合计（大写）	陆仟叁佰陆拾元整　　（小写）￥ 6 360.00						
销货单位名称：广州高明广告有限公司 纳税人识别号：31677778 地址、电话：广州市向阳路 9 号				备注	广州高明广告有限公司 31677778 发票专用章		

收款人：　　复核：　　开票人：　　销货单位：（章）

第二联：发票联

34. 办理票据贴现

附：

(34-1)

贴现凭证收款通知

申请日期：2014 年 12 月 17 日　　第 233 号

贴现票据	种类	银行承兑汇票			号码	23456			持票人	名称	广州长城机械有限责任公司									
	出票日	2014 年 11 月 2 日								账号	0032-6120-0408									
	到票日	2015 年 1 月 31 日								开户银行	工行白云支行									
汇票承兑人名称		五一集团								开户银行								建行		
汇票金额	人民币（大写）陆万元整										百	十	万	千	百	十	元	角	分	
												￥	6	0	0	0	0	0	0	
贴现率	6%	贴现息	百	十	万	千	百	十	元	角	分	实付贴现金额	百	十	万	千	百	十	元	角	分
						￥	2	9	4	3	7			￥	6	0	2	9	4	3	7
贴现款已入你的单位账户。 银行盖章 2014 年 12 月 17 日												备注									

工商银行 白云支行

35. 销售商品

附：

（35-1）

广东增值税专用发票

N020141204

记账联

开票日期：2014年12月18日

（全国统一发票监制章 国家税务总局）

名称：高科集团 纳税人识别号：33077041868X 地址、电话：广州市黄埔大道20号 开户行及账号：工行黄埔支行 435465768768				密码区	68/-887/->59*<818<90 7>/0/433>2*3-0+672<7* 1+-<<51+41+>*>58*8460 7650000<56+*31/58>>45		
货物或应税劳务名称	规格型号	单位	数量	单价	金额	税率	税额
RS6压缩机		台	40	3 150.00	126 000.00	0.17	21 420.00
合计					126 000.00		21 420.00
价税合计（大写）	壹拾肆万柒仟肆佰贰拾元整				（小写）￥147 420.00		
销货单位名称：广州长城机械有限责任公司 纳税人识别号：310105926795326 地址、电话：广州市白云区白云大道20号 020-38786888 开户行及账号：工商银行白云支行 0032-6120-0408				备注	（广州市长城机械有限责任公司 310105926795326 发票专用章）		

第一联：记账联

收款人： 复核： 开票人： 销货单位：（章）

（35-2）

商业承兑汇票（存根）

汇票号码

签发日期：2014年12月18日 第1202号

付款人	全称	高科集团	收款人	全称	广州长城机械有限责任公司
	账号	435465768768		账号	0032-6120-0408
	开户银行	工行黄埔支行		开户银行	工商银行白云支行
汇票金额		人民币 （大写）壹拾肆万柒仟肆佰贰拾元整			千 百 十 万 千 百 十 元 角 分 ￥ 1 4 7 4 2 0 0 0
汇票到期日		2015-02-18	交易合同号码		
		高科集团 财务专用章			张鹏

此联签发人存查

（35-3）

产 品 出 库 单

编号：20141203

编制部门：仓库 2014年12月18日 金额单位：元

名称	规格	单位	数量	单价	总价	备注
RS6压缩机	RS6	台	40	-	-	单位成本按全月一次加权平均法
合计	-	-	40	-	-	

仓库主管： 材料会计： 领料员： 经办人： 制单：

36. 机加工车间领用材料

附：

（36-1）

领　料　单

材料类别：原料及主要材料　　　　　　　　　　　　　　　　　　领用部门编号：

领用部门：机加工车间　　　　2014 年 12 月 18 日　　　　　　　发料部门编号：

材料编号	名称及规格	计量	数量		金额	
		单位	请领数	实发数	单价（元）	总价（元）
	X 材料	件		100	250	25 000
合计				100		25 000
用途	用于生产 RS6 主机					

仓库主管：　　材料会计：　　领料员：　　经办人：　　制单：

（36-2）

领　料　单

材料类别：原料及主要材料　　　　　　　　　　　　　　　　　　领用部门编号：

领用部门：机加工车间　　　　2014 年 12 月 18 日　　　　　　　发料部门编号：

材料编号	名称及规格	计量	数量		金额	
		单位	请领数	实发数	单价（元）	总价（元）
	X 材料	件		120	250	30 000
合计				120		30 000
用途	用于生产 RS7 主机					

仓库主管：　　材料会计：　　领料员：　　经办人：　　制单：

37. 采购包装物

附：

（37-1）

中国工商银行

转账支票存根

No. 30366791

科　　目＿＿＿＿＿＿

对方科目＿＿＿＿＿＿

出票日期 2014 年 12 月 18 日

收款人：华农集团
金　额：9 828.00
用　途：购货款

单位主管：　　　会计：

(37-2)

材料入库验收单

售货单位：华农集团 验字第 005 号

单据号数： 2014 年 12 月 18 日

材料编号	名称及规格	计量	数量		实际金额	
		单位	采购	实收	单价（元）	总价（元）
			300	300	28	8 400
	包装木箱	个	计划单价		运费	
验收意见			单价（元）	总价（元）		
入库时间	2014 年 12 月 18 日				合计	8 400

仓库主管： 材料会计： 收料员： 经办人： 制单：

(37-3)

广东增值税专用发票

N0201333

开票日期： 2014 年 12 月 18 日

国家税务总局

购货单位		密码区
购货单位名称：广州长城机械有限责任公司 纳税人识别号：310105926795326 地 址、电 话：广州市白云区白云大道 20 号 3878[illegible] 开户行账 号 ：工商银行白云支行 0032-6120-0408		66/-3947/->59*<818<41 7>/0/433>2*3-0+672<7* 5+-<<51+41+>*>58*833 190012<42+*31/58>>81

货物或应税劳务名称	规格型号	单位	数量	单价	金额	税率	税额
包装木箱		个	300	28.00	8 400.00	0.17	1 428.00
合 计					8 400.00		1 428.00
价税合计（大写）	玖仟捌佰贰拾捌元整				（小写）￥9 828.00		
销货单位名称：华农集团 纳税人识别号：516113598389 地址、 电话：广州市番禺区市桥 1 号 开户行及账号：工行番禺支行 103007548265				备注	华农集团 516113598389 发票专用章		

第二联：发票联

收款人： 复核： 开票人： 销货单位：（章）

（第三联抵扣联略）

38. 销售商品

附：

(38-1)

产品出库单

编号:20141204

编制部门:仓库 2014 年 12 月 19 日 金额单位:元

名称	规格	单位	数量	单价	总价	备注
RS7 压缩机	RS7	台	30	-	-	单位成本按全月一次加权平均法
合 计	-	-	3	-	-	

仓库主管： 材料会计： 领料员： 经办人： 制单：

(38-2)

广东增值税专用发票　　N020141204

开票日期：2014 年 12 月 19 日

国家统一发票监制章　国家税务总局

购货单位名称：华兴公司 纳税人识别号：510182399385 地址、电话：湛江市华夏街 27 号 开户行账号：建行湛江支行 315886125676			密码区	66/-3947/->59*<818<41 7>/0/433>2*3-0+672<7* 5+-<<51+41+>*>58*8460 190012<42+*31/58>>81			
货物或应税劳务名称	规格型号	单位	数量	单价	金额	税率	税额
RS7 压缩机		台	30	3183.33	95 500.00	0.17	16 235.00
合　计			30	3183.33	95 500.00		16 235.00
价税合计（大写）	壹拾壹万壹仟柒佰叁拾伍圆整				（小写）¥111 735.00		
销货单位名称：广州长城机械有限责任公司 纳税人识别号：310105926795326 地址、电话：广州市白云区白云大道 20 号 020-38786888 开户行及账号：工商银行白云支行 0032-6120-0408			备注	广州市长城机械有限责任公司 310105926795326 发票专用章			

收款人：　　复核：　　开票人：　　销货单位：（章）

第一联：记账联

(38-3)

委托收款凭证（回单）

邮　　2014 年 12 月 19 日　　委托号:00325

付款人	全称	华兴公司	收款人	全称	广州长城机械有限责任公司									
	账号	315886125676		账号	0032-6120-0408									
	开户银行	建行湛江支行		开户银行	工商银行白云支行									
人民币（大写）		壹拾壹万贰仟伍佰叁拾伍圆整		千	百	十	万	千	百	十	元	角	分	
					¥	1	1	2	5	3	5	0	0	
款项内容		销货物及代垫运费	委托收款凭证名称			附寄单证		2 张						
备注：			款项收托日期 2014 年 12 月 19 日			收款人开户行盖章								
单位主管		会计		复核		记账								

工商银行 白云支行 2014.12

注:货物运输增值税专用发票受票方是华兴公司

39. 商业承兑汇票到期

附:

(39-1)

商业承兑汇票（收款通知）

签发日期：2014 年 12 月 19 日　　委托号：00498

收款人	全　称	广州长城机械有限责任公司	付款人	全　称	华兴公司									
	账　号	0032-6120-0408		账　号	315886125676									
	开户银行	工商银行白云支行		开户银行	建行湛江支行									
出票金额		人民币（大写）肆万元整			千	百	十	万	千	百	十	元	角	分
							¥	4	0	0	0	0	0	0
款项内容		销售 RS7 压缩机货款	附寄单证张数		1 张									
备注														

工商银行 白云支行 2014

40. 预支差旅费

附：

(40-1)

借　款　单

资金性质：库存现金　　　　2014 年 12 月 19 日

部　门	销售部	借款事由	湛江出差		
借款金额	金额（大写）　贰仟圆整			￥ 2 000.00	
批准金额	金额（大写）　贰仟圆整			￥ 2 000.00	
主管领导	张明	财务主管	王波	借款人	李华

41. 报销职工进修教育经费

附：

(41-1)

北京市服务业、娱乐业、文化体育业专用发票（卷票）

发票联

INVOICE

发票代码　21000870010

发票号码　13911377

密码　11111

机打号码：　13911377

机器编号：　7010040163

收款单位：　北京新东方教育集团

税号：　110108987860532

开票日期：　2014-12-19　　收款人：任华

付款单位（个人）：广州长城机械有限责任公司

项目	单价	数量	金额
培训费	300.00	3	900.00

小写合计：　￥900.00

大写合计：　人民币玖佰元整

税控码：　1289 9009 2887 12229 2879

收款单位：(盖章有效)

（印章：北京新东方教育集团 009882399385 业务专用章）

此发票系北京市地方税务局批准印制

42. 购买生产用固定资产

附：

(42-1)

中国工商银行
转账支票存根
No.33886791

科　　目__________

对方科目__________

出票日期 2014 年 12 月 20 日

收款人：：广州宏达设备厂	
金　额：58 500.00	
用　途：购机床	

单位主管：　　　　会计：

(42-2)

广东增值税专用发票　　　N0201412007

发票联

开票日期：2014 年 12 月 20 日

购货单位名称：广州长城机械有限责任公司 纳税人识别号：310105926795326 地 址、电 话：广州市白云区白云大道 20 号 38786888 开户行账 号：工商银行白云支行 0032-6120-0408				密码区	66/-3947/->59*<818<41 7>/0/433>2*3-0+672<7* 5+-<<51+41÷>*>58*8460 190012<42+*31/58>>81		
货物或应税劳务名称	规格型号	单位	数量	单价	金额	税率	税额
机床		台		50 000.00	50 000.00	0.17	8 500.00
合　计					50 000.00		8 500.00
价税合计（大写）	伍万捌仟伍佰圆整				（小写）¥58 500.00		
销货单位名称：广州宏达设备厂 纳税人识别号：312238052982 地址、电话：广州市天河路 119 号 开户行及账号：建行天河支行 369789966678				备注	广州宏达设备厂 312238052982 发票专用章		

第二联：发票联

国家税务总局　监制

收款人：　　　复核：　　　开票人：　　　销货单位：（章）

（第三联抵扣联略）

(42-3)

广州市运输行业专用发票

2014 年 12 月 20 日

货物名称	数量	重量	包装	代垫费用								托运费用							
机床	1 台			项目	万	千	百	十	元	角	分	项目	万	千	百	十	元	角	分
				铁路								服务费							
				公路		1	0	0	0	0	0	仓储费			5	0	0	0	0
				空运								安装费							
				水运								理货费							
	盖章											手续费							
			保险费																
			合计		¥	1	0	0	0	0	0	合计		¥	5	0	0	0	0
总计（大写）	壹仟伍佰元整																		

广州恒星运输有限公司

（42-4）

中国工商银行
转账支票存根
No. 33886734

科　　目＿＿＿＿＿＿
对方科目＿＿＿＿＿＿
出票日期 2014 年 12 月 20 日

收款人：：广州恒星运输有限公司	
金　额：1500.00	
用　途：运输费、安装费	

单位主管：　　　会计：

（42-5）

固 定 资 产 验 收 单

售货单位：广州宏达设备厂　　　验字第 002 号
单据号数：　　　2014 年 12 月 20 日

编号	名称及规格	计量单位	数量	造价	使用年限	安装费 运输费	预计残值
	机床	台	1	50 000.00	10	1 500.00	3 350.00
验收意见	同 意						
入库时间	2014 年 12 月 20 日				合计	51 500.00	

设备科：

43. 报销差旅费

附：

（43-1）

差 旅 费 报 销 单

部门：销售部　　　2014 年 12 月 20 日

姓名	李华					出差事由		销售			出差自 2014 年 12 月 19 日 至 2014 年 12 月 20 日					共 2 天
起讫时间及地点						车船票		夜间乘车补助费			出差乘车补费			住宿费	其他	
月	日	起	月	日	讫	类别	金额	时间	标准	金额	日数	标准	金额	金额	摘要	金额
12	19	广州	12	19	湛江	火车	240.00									
12	20	湛江	12	20	广州	火车	240.00				2	300.00	600.00	320.00	招待	650.00
小计							480.00						600.00	320.00		650.00
合计金额（大写）：贰仟零伍拾元整																
备注：预借 2 000.00　报销 2 050.00　超支 50.00　附单 4 张(略)																

单位领导：张明　　财务主管：王波　　审核：杨平　　填报人：朱卫

44. 购买 X 原材料

附：

（44-1）

中国工商银行

转账支票存根

No. 33886899

科　　目＿＿＿＿＿＿

对方科目＿＿＿＿＿＿

出票日期 2014 年 12 月 20 日

收款人：：中天公司	
金　额：52 650.00	
用　途：购材料	

单位主管：　　　　会计：

（44-2）

广东增值税专用发票　　　　N020141202

全国统一发票监制章 发票联 国家税务总局

开票日期：2014 年 12 月 20 日

购货单位名称：广州长城机械有限责任公司 纳税人识别号：310105926795326 地 址、电 话：广州市白云区白云大道 20 号 38786888 开户行账 号：工商银行白云支行 0032-6120-0408				密码区	66/-3947/->59*<818<41 7>/0/433>2*3-0+672<7* 5+-<<51+41+>*>58*8460 190012<42+*31/58>>81		
货物或应税劳务名称	规格型号	单位	数量	单价	金额	税率	税额
X 材料		件	200	225	45 000.00	0.17	7 650.00
合　计					45 000.00		7 650.00
价税合计（大写）	伍万贰仟陆佰伍拾元整　　（小写）¥52 650.00						
销货单位名称：中天公司 纳税人识别号：316780529811 地址、电话：广州市天河路 110 号 开户行及账号：建行天河支行 369213286445				备注	中天公司 316780529811 发票专用章		

第二联：发票联

收款人：　　　复核：　　　开票人：　　　销货单位：（章）

（第三联抵扣联略）

（44-3）

材 料 入 库 验 收 单

售货单位：中天公司　　　　验字第 006 号

单据号数：　　　　2014 年 12 月 20 日

材料编号	名称及规格	计量单位	数量		实际金额	
			采购	实收	单价（元）	总价（元）
			200	200	225	45 000.00
	X 材料	件	计划单价		运费	
验收意见			单价（元）	总价（元）		
入库时间	2014 年 12 月 20 日		250	50 000	合计	45 000.00

仓库主管：　　　收料员：　　　经办人：　　　制单：

45. 重组债权

附：

（45-1）

中国工商银行进账单（收账通知）

2014 年 12 月 21 日　　　　第 003 号

<table>
<tr><td rowspan="3">付款人</td><td>全称</td><td colspan="2">南方制冷厂</td><td rowspan="3">收款人</td><td>全称</td><td colspan="10">广州长城机械有限责任公司</td><td rowspan="7">备注</td></tr>
<tr><td>账号</td><td colspan="2">537676858798</td><td>账号</td><td colspan="10">0032-6120-0408</td></tr>
<tr><td>开户银行</td><td colspan="2">建行东浦支行</td><td>开户银行</td><td colspan="10">工商银行白云支行</td></tr>
<tr><td colspan="2" rowspan="2">人民币
（大写）</td><td colspan="4" rowspan="2">伍万叁仟元整</td><td>千</td><td>百</td><td>十</td><td>万</td><td>千</td><td>百</td><td>十</td><td>元</td><td>角</td><td>分</td></tr>
<tr><td></td><td></td><td>￥</td><td>5</td><td>3</td><td>0</td><td>0</td><td>0</td><td>0</td><td>0</td></tr>
<tr><td colspan="2">票据种类</td><td colspan="2">转账支票</td><td colspan="12" rowspan="3">收款人开户行盖章</td></tr>
<tr><td colspan="2">票据张数</td><td colspan="2">1 张</td></tr>
<tr><td colspan="4">单位主管　会计　复核　记账</td></tr>
</table>

（45-2）

债务重组协议书

甲方：广州长城机械有限责任公司

乙方：南方制冷厂

甲、乙双方为长期战略伙伴，为了帮助乙方解决短期资金周转问题，甲、乙双方就乙方于 2014 年 12 月 21 日到期的债务进行重组事宜达成如下协议。

第一条 债务重组日即本协议签订之日 2014 年 12 月 21 日，本协议所涉及各类资产及负债的金额均民本日期为基准日。

第二条 截至债务重组日乙方所欠甲方人民币 65000 元（陆万伍仟元整），为重组债权。

第三条 债务重组方式

1、甲方同意豁免乙方部分债权，金额为人民币 12000 元（壹万贰仟元整）。

2、余款人民币 53000 元（伍万叁仟元整）乙方应以银行存款支付。

3、余款应在本协议签订之日起叁日内付清。

第四条 违约责任

第五条 争议解决

第六条 协议生效

甲方：广州长城机械有限责任公司　　　　乙方：南方制冷厂

授权代表：　王明　　　　授权代表：张冠

签订日期：2014 年 12 月 21 日　　　　签订日期：2014 年 12 月 21 日

46. 提现备用

附：

（46-1）

中国工商银行

现金支票存根

No. 33306451

科　　目　库存现金

对方科目　银行存款

出票日期　2014 年 12 月 20 日

收款人：广州长城机械有限责任公司
金　额：4 500.00 元
用　途：以备零用

单位主管：　　　　会计：

47. 购买印花税票

附：

（47-1）

中华人民共和国　　　　地

印花税票销售凭证　　　　（2014）地印

填发日期：2014 年 12 月 20 日

购买单位	广州长城机械有限责任公司		购买人		
购买印花税票					
面值种类	数量	金额	面值种类	数量	金额
壹角票			伍元票		
贰角票			拾元票	3	30.00
伍角票			伍拾元票		
壹元票			壹佰元票	6	600.00
贰元票			总计	9	630.00
合计金额（大写）：陆佰叁拾元整					
销售单位（盖章）		销售人（盖章）		备注	

广州市地税局白云分局 征税专用章

48. 确认保险赔款并结算处置损益

附：

（48-1）

保险赔偿责任书

广州长城机械有限责任公司因意外事故报废一台管理用设备，原价格 200000 元，已提折旧额 38000 元，未计提减值准备。保险公司根据保险合同同意赔偿该公司 150000 元。

国家平安保险公司
经办人：李国胜
审批人：张敏
2014 年 12 月 20 日

49. 取得可供出售金融资产

附：

（49-1）

股票交易账户资产情况表

编制部门:财务科　　2014 年 12 月 21 日　　金额单位:元

项目 日期	总资产	现金	证券					
			股票名称	股票代码	股票数量	成本价	交易费	尚未支付的股利
2014-12-21			广州三明股票	600668	500	10 000	100	2 000
合　计					500	10 000	100.	2 000

会计主管：王波　　审核：杨平　　会计：赵梅　　出纳：张红

50. 支付工商年检费

附：

（50-1）

中国工商银行
转账支票存根
No. 33886998

科　　目__________
对方科目__________
出票日期 2014 年 12 月 21 日

收款人：工商管理部门
金　额：300.00
用　途：年检费

单位主管：　　会计：

51. 机加工车间领用原材料

附：

（51-1）

领　料　单

材料类别：原料及主要材料　　　　领用部门编号：

领用部门：机加工车间　　　2014 年 12 月 22 日　　　发料部门编号：

材料编号	名称及规格	计量单位	数量		金额	
			请领数	实发数	单价（元）	总价（元）
	标准件	件		200	1	200
合计				200		200
用途	用于生产 RS6 主机					

仓库主管：　　材料会计：　　领料员：　　经办人：　　制单：

（51-2）

领　料　单

材料类别：原料及主要材料　　　　领用部门编号：

领用部门：机加工车间　　　2014 年 12 月 22 日　　　发料部门编号：

材料编号	名称及规格	计量单位	数量		金额	
			请领数	实发数	单价（元）	总价（元）
	标准件	件		350	1	350
合计				350		350
用途	用于生产 RS7 主机					

仓库主管：　　材料会计：　　领料员：　　经办人：　　制单：

52. 装配车间领用原材料

附：

（52-1）

领　料　单

材料类别：配套件　　　　领用部门编号：

领用部门：装配车间　　　2014 年 12 月 23 日　　　发料部门编号：

材料编号	名称及规格	计量单位	数量		金额	
			请领数	实发数	单价（元）	总价（元）
	风机	台		70	20	1 400
	电机	台		30	120	3 600
合计						5 000
用途	风机用于生产 RS6 压缩机、电机用于生产 RS7 压缩机					

仓库主管：　　材料会计：　　领料员：　　经办人：　　制单：

53. 毁损原材料风机

附：

（53-1）

存货盘点报告单

编制部门：仓库　　2014 年 12 月 25 日　　金额单位：元

存货名称	计量单位	数量		单位实际成本	盘盈		盘亏		原因
		账存	实存		数量	金额	数量	金额	
风机	台	330	310	20			20	400	待查
合计		330	310	20			20	400	

会计主管：　　会计：　　保管员：

54. 提供运输劳务

附：

（54-1）

货物运输业增值税专用发票

NO 23451

发票联

开票日期：2014 年 12 月 27 日

承运人及纳税人识别号：广州长城机械有限责任公司 310105926795326		国家税务总局 密码区	略
实际受票方及纳税人识别号：广州庆典实业有限公司 310103444543232			
收货人及纳税人识别号：	略	发货人及纳税人识别号：	略
起运地、经由、到达地	略		
费用项目金额	运费　3000.00	运输货物信息	略

合计金额	￥ 3000.00	税率	11%	税额	￥330.00	机器编号	略
价税合计（大写）	叁仟叁佰叁拾元整				（小写）￥3330.00		
车种车号	略	车船吨位	略	备注	广州市长城机械有限责任公司 310105926795326 发票专用章		
主管税务机关及代码	广州市白云区国家税务局 78990765443						

收款人：　　复核人：　　开票人：　　承运人：（章）

第一联：记账联

（54-2）

中国工商银行进账单（收账通知）

2014 年 12 月 27 日　　第 004 号

						备注
付款人	全称	广州庆典实业有限公司	收款人	全称	广州长城机械有限责任公司	
	账号	222447535512		账号	0032-6120-0408	
	开户银行	工行江滨支行		开户银行	工商银行白云支行	

人民币（大写）	叁仟叁佰叁拾元整	千	百	十	万	千	百	十	元	角	分
					￥	3	3	3	0	0	0

票据种类	转账支票	
票据张数	1 张	
单位主管　会计　复核　记账		收款人开户行盖章

2014.12

55. 购入汽车一辆

附：

（55-1）

中国工商银行

转账支票存根

No. 30366791

科　　目__________

对方科目__________

出票日期 2014 年 127月 27 日

收款人：	广州路通汽车销售公司
金　额：	60 000
用　途：	购买轿车

单位主管：　　　　会计：

（55-2）

固定资产入账（出账）通知单

2014 年 12 月 27 日　　　　编号：

代征单位：　　　　开票人：赵红　　　　收款人：李平

类别	资产编号	固定资产名称	规格型号	建造单位			数量	原值	折旧额		使用年限	收回残值	累计以提折旧	净值	所在地	入账（出账）原因
				名称	日期	编号			应计折旧总额	月折旧额						
		轿车	捷达				1	60 000		950	5	3 000			广州	

通知单位　　　　经办人

（55-3）

机动车销售统一发票

2014年 12月27日

代征单位：　　　　开票人：赵红　　　　收款人：李平

单　位	广州路通汽车销售公司		身份证号码 组织机构代码	1.34532E+13	
车　型	捷达	厂牌型号		产地	广州市
发动机号	Y5626542	进口证明书号		商检单号	
号　码			车架号码/车辆识别代码		
	单价（含税）	60 000.00		国产/进口	国产
名称	费	费		费	
金额	（大写）陆万元整			¥60 000.00	

第二联发票联

广州路通汽车公司 888982399385 业务专用章

56. 支付空调修理费

附：

(56-1)

修理费计算单

2014年12月27日

部门	费用	修理内容	备注
管理部门	300元	空调修理费	自然损坏

部门主管： 报修人：

57. 购买RS6机体、RS7机体原材料

附：

(57-1)

广东增值税专用发票

N020141203

发票联

开票日期：2014年12月28日

购货单位名称：广州长城机械有限责任公司 纳税人识别号：310105926795326 地址、电话：广州市白云区白云大道20号 38786888 开户行账号：工商银行白云支行 0032-6120-0408				密码区	66/-3947/->59*<818<41 7>/0/433>2*3-0+672<7* 5+-<<51+41+>*>58*8460 190012<42+*31/58>>81		
货物或应税劳务名称	规格型号	单位	数量	单价	金额	税率	税额
RS6机体		件	40	620.00	24 800.00	0.17	4 216.00
RS7机体		件	60	320.00	19 200.00	0.17	3 264.00
合计					44 000.00		7 480.00
价税合计（大写）	伍万壹仟肆佰捌拾圆整 （小写）¥51 480.00						
销货单位名称：长安公司 纳税人识别号：379867418390 地址、电话：东莞市万江区简沙洲20号 开户行及账号：工行万江支行 481053875356				备注	长安公司 379867418390 发票专用章		

第二联：发票联

收款人： 复核： 开票人： 销货单位：（章）

（第三联抵扣联略）

(57-2)

材料入库验收单

售货单位：长安公司 验字第003号

单据号数： 2014年12月28日

材料编号	名称及规格	计量单位	数量		实际金额	
			采购	实收	单价（元）	总价（元）
			40	40	620	24 800
	RS6机体	件	计划单价		运费	
验收意见			单价（元）	总价（元）		
入库时间	2014年12月28日		600	24 000	合计	24 800

仓库主管： 收料员： 经办人： 制单：

（57-3）

材 料 入 库 验 收 单

售货单位：长安公司　　　　　　　　　　　　　　　　　　　　验字第 004 号

单据号数：　　　　　　　　　　2014 年 12 月 28 日

材料编号	名称及规格	计量单位	数量		实际金额	
			采购	实收	单价（元）	总价（元）
			60	60	320	19 200
	RS7 机体	件	计划价格		运费	
验收意见			单价（元）	总价（元）		
入库时间	2014 年 12 月 28 日		350	21 000	合计	19 200

仓库主管：　　　　收料员：　　　　经办人：　　　　制单：

（57-4）

委托付款凭证（回单）

邮　　　　　　　　　　2014 年 12 月 28 日　　　　　　　　委托号:00326

收款人	全称	长安公司	付款人	全称	广州长城机械有限责任公司
	账号	481053875356		账号	0032-6120-0408
	开户银行	工行万江支行		开户银行	工商银行白云支行

人民币（大写）	伍万壹仟肆佰捌拾圆整	千	百	十	万	千	百	十	元	角	分
				¥	5	1	4	8	0	0	0

款项内容	采购原材料	委托付款凭证名称		附寄单证 1 张
备注：		款项付托日期 2014 年 12 月 28 日		付款人开户行盖章

单位主管　　　　会计　　　　复核　　　　记账

58. 收到销货款

附：

（58-1）

委托收款凭证（收款通知）

邮　　　　　　　　　　2014 年 12 月 28 日　　　　　　　　委托号:00325

付款人	全称	华兴公司	收款人	全称	广州长城机械有限责任公司
	账号	315886125676		账号	0032-6120-0408
	开户银行	建行湛江支行		开户银行	工商银行白云支行

人民币（大写）	壹拾壹万零陆佰贰拾伍圆整	千	百	十	万	千	百	十	元	角	分
			¥	1	1	0	6	2	5	0	0

款项内容	销货物及运费	委托收款凭证名称		附寄单证 2 张
备注：		款项收托日期 2014 年 12 月 19 日		收款人开户行盖章

单位主管　　　　会计　　　　复核　　　　记账

59. 支付货款

附：

（59-1）

委托付款凭证（通知单）

邮　　2014 年 12 月 29 日　　委托号:00326

收款人	全称	长安公司	付款人	全称	广州长城机械有限责任公司									
	账号	481053875356		账号	0032-6120-0408									
	开户银行	工行万江支行		开户银行	工商银行白云支行									
人民币（大写）		伍万壹仟肆佰捌拾圆整			千	百	十	万	千	百	十	元	角	分
							¥	5	1	4	8	0	0	0
款项内容		采购原材料	委托付款凭证名称			附寄单证								
备注：			款项付托日期 2014 年 12 月 28 日		付款人开户行盖章									
单位主管		会计		复核		记账								

60. 预订报刊费

附：

（60-1）

广州市服务业通用发票

2014 年 12 月 29 日

客户名称	广州长城机械有限责任公司			地址	白云大道 20 号							
项目	规格	单位	数量	单价	金额							
					十	万	千	百	十	元	角	分
2015 年报刊杂志费			1	600.00				6	0	0	0	0
合计金额（大写）	陆佰元整						¥	6	0	0	0	0
注：盖有公章，否则报销无效。												
服务单位：	广州日报社			地址	白云大道 88 号							

（60-2）

中国工商银行

转账支票存根

No. 336673391

科　　目__________

对方科目__________

出票日期 2014 年 12 月 14 日

收款人：广州日报社
金　额：600.00
用　途：2015 年报刊杂志费

单位主管：　　会计：

61. 确认坏账损失

附：

（61-1）

坏账损失确认通知

广州粤华公司应收账款 60000 元，已提坏账准备 1000 元，现因对方倒闭，款项无法收回，向公司领导报批，经批准确认该款项已收不回，予以注销。

总经理：张明

会计：杨平

2014 年 12 月 29 日

62. 处理待处理财产损益

附：

（62-1）

收　据

2014 年 12 月 29 日　　NO 8167875

科目	其他应收款		
摘　要	毁损的 20 台风机赔偿款		
金 额	人民币（大写）	叁佰圆整	￥300.00
	单位财务章	广州长城机械有限责任公司财务专用章	

会计：　复核：　经手人　交款人：李渊

63. 采购低值易耗品

附：

（63-1）

广东增值税专用发票　　N020141209

发票联　　开票日期：2014 年 12 月 29 日

购货单位名称：广州长城机械有限责任公司 纳税人识别号：310105926795326 地 址、电 话：广州市白云区白云大道 20 号 38786888 开户行账 号：工商银行白云支行 0032-6120-0408	密码区	66/-3947/->59*<818<41 7>/0/433>2*3-0+672<7* 5+-<<51+41+>*>58*833 190012<42+*31/58>>81					
货物或应税劳务名称	规格型号	单位	数量	单价	金额	税率	税额
劳保用品		套	60	100.00	6 000.00	0.17	1 020.00
工具		套	20	150.00	3 000.00	0.17	510.00
合　计					9 000.00		1 530.00
价税合计（大写）	壹万零伍佰叁拾元整				（小写）￥10 530.00		
销货单位名称：华南康达公司 纳税人识别号：519781108075 地址、 电话：广州市海珠区宝岗大道 3 号 开户行及账号：农行海珠支行 318753897154	备注	华南康达公司 519781108075 发票专用章					

收款人：　复核：　开票人：　销货单位：（章）

第二联：发票联

（第三联抵扣联略）

（63-2）

材料入库验收单

售货单位：华南康达公司　　　　　　　　　　验字第 008 号

单据号数：　　　　　　2014 年 12 月 29 日

材料编号	名称及规格	计量	数量		实际金额	
		单位	采购	实收	单价（元）	总价（元）
			60	60	100.00	6 000.00
	劳保用品	套	计划单价		运费	
验收意见			单价（元）	总价（元）		
入库时间	2014 年 12 月 28 日				合计	6 000.00

仓库主管：　　材料会计：　　收料员：　　经办人：　　制单：

（63-3）

材料入库验收单

售货单位：华南康达公司　　　　　　　　　　验字第 009 号

单据号数：　　　　　　2014 年 12 月 29 日

材料编号	名称及规格	计量	数量		实际金额	
		单位	采购	实收	单价（元）	总价（元）
			20	20	150.00	3 000.00
	工具	套	计划单价		运费	
验收意见			单价（元）	总价（元）		
入库时间	2014 年 12 月 28 日				合计	3 000.00

仓库主管：　　材料会计：　　收料员：　　经办人：　　制单：

64. 装配车间领用包装物

附：

（64-1）

材料领用单

材料类别：周转材料　　　　　　　　　　领用部门编号：

领用部门：装配车间　　2014 年 12 月 29 日　　发料部门编号：

材料编号	名称及规格	计量	数量		实际成本	
		单位	请领数	实发数	单位成本（元）	总金额（元）
	包装木箱	个	100	100	28.00	2 800.00
合计			￥2800.00			
用途	包装压缩机用					

仓库主管：　　材料会计：　　领料员：　　经办人：　　制单：

65. 销售原材料

附：

（65-1）

广东增值税专用发票　　N020141205

记账联　　开票日期：2014 年 12 月 30 日

购货单位					密码区			
名称：广州市机械制造厂 纳税人识别号：210228512387 地址、电话：广州市建外大街 28 号 开户行及账号：工行建外支行 523886777333					密码区	67/-3947/->59*<818<90 7>/0/433>2*3-0+672<7* 1+-<<51+41+>*>58*8460 7650000<56+*31/58>>45		
货物或应税劳务名称	规格型号	单位	数量	单价	金额	税率	税额	
风机		台	50	18.00	900.00	0.17	153.00	
合　计					900.00		153.00	
价税合计（大写）	壹仟零伍拾叁元整			（小写）¥1 053.00				
销货单位名称：广州长城机械有限责任公司 纳税人识别号：310105926795326 地址、电话：广州市白云区白云大道 20 号 020-38786888 开户行及账号：工商银行白云支行 0032-6120-0408				备注	广州市长城机械有限责任公司 310105926795326 发票专用章			

收款人：　　复核：　　开票人：　　销货单位：（章）

第一联：记账联

（65-2）

材料出库单　　编号：20141207

编制部门：仓库　　2014 年 12 月 30 日　　金额单位：元

名称	规格	单位	数量	单价	总价	备注
风机		台	50	20	1 000	
合　计	-	-	50	-	1 000	

仓库主管：　　材料会计：　　领料员：　　经办人：　　制单：

（65-3）

中国工商银行进账单（收账通知）

2014 年 12 月 30 日　　第 007 号

付款人	全称	广州市机械制造厂	收款人	全称	广州长城机械有限责任公司	备注
付款人	账号	523886777333	收款人	账号	0032-6120-0408	
付款人	开户银行	工行建外支行	收款人	开户银行	工商银行白云支行	
人民币（大写）	壹仟零伍拾叁元整				千 百 十 万 千 百 十 元 角 分 ¥ [illegible] 0 5 3 0 0	
票据种类	转账支票					
票据张数	1 张					
单位主管　会计　复核　记账			收款人开户行盖章			

66. 确定债券利息和公允价值变动

附：

(66-1)

交易性金融资产利息费用计算单

编制部门:财务科　　2014年12月31日　　金额单位:元

名称　　项目	购买日	到期日	面值	票面利率	期限	应收利息
公司债券	2014-7-1	2015-7-1	50 000	6%	1年	1 500
合计			50 000			1 500

会计主管:　　审核:　　会计:　　制单:

(66-2)

中国工商银行进账单（收账通知）

2014年12月31日　　第008号

						备注
付款人	全称	环球公司	收款人	全称	广州长城机械有限责任公司	
	账号	216668512387		账号	0032-6120-0408	
	开户银行	工行建外支行		开户银行	工商银行白云支行	

人民币（大写）	千	百	十	万	千	百	十	元	角	分
壹仟伍佰元整				¥	1	5	0	0	0	0

票据种类	
票据张数	
单位主管　会计　复核　记账	收款人开户行盖章

(66-3)

交易性金融资产交易账户资产情况表

编制部门:财务科　　2014年12月31日　　金额单位:元

项目　日期	总资产	现金	证券					备注
			债券名称	债券代码	债券数量	成本价	公允价	
2014-12-31			环球公司			50 000	51 000	
合　计						50 000	51 000	

会计主管：王波　　审核：杨平　　会计：赵梅　　出纳：张红

67. 计提固定资产折旧

附(67－1):

(67-1)

固定资产折旧计算表（直线法）

编制部门:财务科　　2014 年 12 月 31 日　　金额单位:元

固定资产名称	达到预计可使用状态的时间	原值	预计可使用年限	预计净残值率	可折旧金额	月折旧率%	已提折旧额	本月计提折旧额	累计已提折旧额	对方科目	备注
办公楼	2012 年 11 月	900 000	20	5%	855 000	0.4167	85 500	3 563	89 063	管理费用-折旧费	-
生产车间厂房	2012 年 11 月	600 000	20	5%	570 000	0.4167	57 000	2 375	59 375	制造费用-折旧费	机加机加工车间、装配车间、机修车间各负担 40%、40%、20%
仓库	2012 年 11 月	300 000	20	5%	285 000	0.4167	28 500	1 188	29 688	管理费用-折旧费	-
机器设备	2012 年 12 月	900 000	10	5%	855 000	0.8333	163 875	7 125	171 000	制造费用-折旧费	机加工车间和装配车间各负担 60%和 40%
运输设备	2013 年 11 月	600 000	5	5%	570 000	1.6667	114 000	9 500	123 500	销售费用-折旧费	-
合　计	-	3300 000	—	-	3 135 000	-	448 875	23 751	472 626	-	-

注:管理设备已报废(13 题)。

68. 支付罚款

附：

（68-1）

广州市行政事业性统一银钱收据

财 A-09-09 支票号：

今收到	广州长城机械有限责任公司
交来	罚款
人民币（大写）贰万元整	¥20 000.00

收款单位　　收款人　　2014-12-31

（68-2）

中国工商银行

转账支票存根

No. 338557891

科　　目 ______

对方科目 ______

出票日期 2014 年 12 月 31 日

收款人：工行白云支行
金　额： 20 000.00
用　途：缴纳罚款

单位主管：　　会计：

69. 折扣销售商品

附：

（69-1）

广东增值税专用发票　　N020141202

记账联

开票日期： 2014 年 12 月 31 日

国家统一发票监制章

名称：广州粤华公司 纳税人识别号：310258336041 地址、电话：广州市天河路 108 号 开户行及账号：工行天河支行 285332051367	国家税务总局 密码区	68/-887/->59*<818<90 7>/0/433>2*3-0+672<7* 1+-<<51+41+>*>58*8460 7650000<56+*31/58>>45

货物或应税劳务名称	规格型号	单位	数量	单价	金额	税率	税额
RS6 压缩机		台	9	2700.00	24 300.00	0.17	4 131.00
合　计					24 300.00		4 131.00
价税合计（大写）	贰万捌仟肆佰叁拾壹元整				（小写）¥28 431.00		

销货单位名称：广州长城机械有限责任公司 纳税人识别号：310105926795326 地址、电话：广州市白云区白云大道 20 号 020-38786888 开户行及账号：工商银行白云支行 0032-6120-0408	备注	广州市长城机械有限责任公司 310105926795326 发票专用章

收款人：　　复核：　　开票人：　　销货单位：（章）

第一联：记账联

（69-2）

毁损商品确认通知

销售给广州粤华公司 10 台 RS6 压缩机中有 1 台已毁坏，向公司领导报批，经批准确认 2700 元成本计入非正常损失。

总经理：张明
会计：杨平
2014 年 12 月 31 日

（69-3）

产 品 出 库 单

编号：20141209

编制部门：仓库　　2014 年 12 月 31 日　　金额单位：元

名称	规格	单位	数量	单价	总价	备注
RS6 压缩机	RS6	台	10	-	-	单位成本按全月一次加权平均法
合 计	-	-	3	-	-	

仓库主管：　　材料会计：　　领料员：　　经办人：　　制单：

（69-4）

中国工商银行进账单（收账通知）

2014 年 12 月 31 日　　第 006 号

付款人			收款人			此交联给是收款人收款人开户通知
全称	广州粤华公司		全称	广州长城机械有限责任公司		
账号	285332051367		账号	0032-5120-0408		
开户银行	工行天河支行		开户银行	工商银行白云支行		

人民币（大写）	贰万捌仟肆佰叁拾壹元整	千	百	十	万	千	百	十	元	角	分
				¥	2	8	4	3	1	0	0

票据种类	转账支票	
票据张数	1 张	
单位主管　会计　复核　记账		收款人开户行盖章

70. 发生销售退回

附：

（70-1）

企业进货退出及索取折让证明单　NO 03460

购货单位	全称	五一集团			
	税务登记号	210228512387			
进货退出	货物名称	单价	数量	货款	税额
	RS6 压缩机	3000	10	30 000.00	5 100.00
索取折让	货物名称	单价	数量	要求	
				折让金额	折让税额
退货或索取折让理由	产品质量不合格，对方要求退货。 经办人：李 单位盖章：2014 年 12 月 31 日		税务征收部门盖章	经办人：	
销货单位	全称	广州长城机械有限责任公司			
	税务登记	310105926795326			

（70-2）

广东增值税专用发票

N020141202

记账联

开票日期：2014 年 12 月 31 日

购货单位 名称：五一集团 纳税人识别号：210228512387 地址、电话：江门市建外大街 18 号 开户行及账号：工行建外支行 523886521033				密码区	67/-3947/->59*<818<90 7>/0/433>2*3-0+672<7* 1+-<<51+41+>*>58*8460 7650000<56+*31/58>>45		
货物或应税劳务名称	规格型号	单位	数量	单价	金额	税率	税额
RS6 压缩机		台	10	3000.00	30 000.00	0.17	5 100.00
合计					30 000.00		5 100.00
价税合计（大写）	叁万伍仟壹佰元整			（小写）￥35 100.00			
销货单位名称：广州长城机械有限责任公司 纳税人识别号：310105926795326 地址、电话：广州市白云区白云大道 20 号 020-38786888 开户行及账号：工商银行白云支行 0032-6120-0408				备注	广州市长城机械有限责任公司 310105926795326 发票专用章		

收款人： 复核： 开票人： 销货单位：（章）

第一联：记账联

注：上附增值税专用发票为红字发票。

（70-3）

产品出库单

编号：20091204

编制部门：仓库 2014 年 12 月 31 日 金额单位：元

名称	规格	单位	数量	单价	总价	备注
RS6 压缩机	RS6	台	-10	-	-	单位成本按全月一次加权平均法
合计	-	-	-	-	-	

仓库主管： 材料会计： 领料员： 经办人： 制单：

71. 发现记账凭证错误

附（无）：

72. 在建工程

附：

（72-1）

中国工商银行

转账支票存根

No. 338887891

科　　目 ________

对方科目 ________

出票日期 2014 年 12 月 31 日

收款人：广州市华宇物资公司
金　额：87 984.00
用　途：付工程物资

单位主管： 会计：

(72-2)

广东增值税专用发票

N020141211

开票日期：2014年12月31日

购货单位	购货单位名称：广州长城机械有限责任公司 纳税人识别号：310105926795326 地址、电话：广州市白云区白云大道20号38786800 开户行账号：工商银行白云支行0032-6120-0408			密码区	66/-3947/->59*<818<41 7>/0/433>2*3-0+672<7* 5+-<<51+41+>*>58*8460 190012<42+*31/58>>81		
货物或应税劳务名称	规格型号	单位	数量	单价	金额	税率	税额
工程物资	压板箱	个	10 000	7.52	75 200.00	17%	12 784.00
合　计			10 000		75 200.00		12 784.00
价税合计（大写）	捌万柒仟玖百捌拾肆圆整		（小写）￥87 984.00				
销货单位	销货单位名称：广州市华宇物资公司 纳税人识别号：316780529735 地址、电话：广州市昌河路136号 开户行及账号：工行天河支行687898526324			备注			

收款人：　　复核：　　开票人：　　销货单位：（章）

第二联：发票联

（印章：国家统一发票监制章　国家税务总局）

（印章：广州市华宇物资公司　316780529735　发票专用章）

（第三联抵扣联略）

(72-3)

材料领用单

材料类别：工程物资　　　　领用部门编号：

领用部门：厂房扩建工程　　2014年12月31日　　发料部门编号：

材料编号	名称及规格	计量单位	数量		金额	
			请领数	实发数	单价（元）	总价（元）
	压板箱	个	8 000	8 000	8.7984	70 387.2
合计			￥70 387.2			
用途	厂房改扩建					

仓库主管：　　材料会计：　　领料员：　　经办人：　　制单：

(72-4)

材料领用单

材料类别：原材料　　　　领用部门编号：

领用部门：厂房扩建工程　　2014年12月31日　　发料部门编号：

材料编号	名称及规格	计量单位	数量		金额		
			请领数	实发数	单价（元）	金额（元）	备注
	X材料	件	128	128	250	32 000	
合计			￥32 000				
用途	厂房改扩建						

仓库主管：　　材料会计：　　领料员：　　经办人：　　制单：

(72-5)

劳务供应通知单

编制部门:配电车间　　2014年12月31日　　金额单位:元

费用额	单位	工时合计	用途
5 000	度		厂房改扩建

(72-6)

临时工职工工资通知单

编制部门:财务科　　2014年12月31日　　金额单位:元

工资	工种	工时合计	用途	备注
15 000	临时工		厂房改扩建	无相关福利

(72-7)

固 定 资 产 验 收 单

厂房扩建工程　　　　验字第 005 号

单据号数:　　　　2014 年 12 月 31 日

编号	名称及规格	计量单位	数量	造价	使用年限	安装费	预计残值
	厂房	栋	1	427 827.2	10		
验收意见	同 意						
验收时间	2014 年 12 月 31 日				合计		392 160.00

资产科:

(72-8)

材 料 入 库 验 收 单

来源:工程物资　　　　验字第 009 号

单据号数:　　　　2014 年 12 月 31 日

材料编号	名称及规格	计量单位	数量		实际金额	
					单价(元)	总价(元)
			2000		7. 52	15 040
	包 装 物(压板箱)	个	计划单价		运费	
验收意见			单价(元)	总价(元)		
入库时间	2014 年 12 月 31 日				合计	15 040

仓库主管:　　材料会计:　　收料员:　　经办人:　　制单:

73. 长期股权投资

附:

(73-1)

对东方公司投资收益计算单

编制部门: 财务科　　2014 年 12 月 31 日　　金额单位:元

投资日期	投资成本	股权比例%	2014 年度被投资单位实现净利润	确认的投资收益	2014 年度被投资资本公积变动	确认的资本公积
	150 000	0.30	1000 000	300 000	600 000	180 000
合计			1000 000	300 000	600 000	180 000

会计主管　　复核　　会计　　制单

74. 货到单未到,月末暂估入账

附:(无)

75. 委托代销商品

附:

(75-1)

委 托 代 销 商 品 出 库 单　　编号: 20141211

编制部门:仓库　　2014 年 12 月 31 日　　金额单位:元

名称	规格	单位	数量	成本	总成本	备注
RS6 压缩机	RS6	台	100	2 700	270 000	
RS7 压缩机	RS7	台	80	2 850	228 000	
合 计	-	-	-	-	-	

仓库主管:　　材料会计:　　领料员:　　经办人:　　制单:

（75-2）

委托代销清单

编制单位：长宏电器经营公司　　2014 年 12 月 31 日　　金额单位：元

代销货物名称	规格型号	单位	已售数量	单价	金额	税率	税额
RS6 压缩机	RS6	台	60	3 000	180 000	0.17	30 600
RS7 压缩机	RS7	台	50	3 000	150 000	0.17	25 500
合　计			-	-	330 000	-	56 100
价税合计　（大写）	叁拾捌万陆仟壹佰圆整　　（小写）￥386 100.00						

（75-3）

广东增值税专用发票

N020141211

记账联

开票日期：2014 年 12 月 31 日

购货单位名称：长宏电器经营公司 纳税人识别号：310258336041 地　址、电　话：广州市黄埔路 108 号 开户行账　号　：工行黄埔支行 455546753555		密码区	66/-3947/->59*<818<41 7>/0/433>2*3-0+672<7* 5+-<<51+41+>*>58*8460 190012<42+*31/58>>81

货物或应税劳务名称	规格型号	单位	数量	单价	金额	税率	税额
RS6 压缩机		台	60	3 000.00	180 000.00	0.17	30 600.00
RS7 压缩机		台	50	3 000.00	150 000.00	0.17	25 500.00
合　计			-	-	330 000.00	-	56 100.00
价税合计（大写）	叁拾捌万陆仟壹佰圆整　　（小写）￥386 100.00						

销货单位	备注	
销货单位名称：广州长城机械有限责任公司 纳税人识别号：310105926795326 地址、电话：广州市白云区白云大道 20 号 020-38786888 开户行及账号：工商银行白云支行 0032-6120-0408	备注	

收款人：　　复核：　　开票人：　　销货单位：（章）

第一联：记账联

（75-4）

中国工商银行进账单（收账通知）

2014 年 12 月 31 日　　第 007 号

付款人	全称	长宏电器经营公司	收款人	全称	广州长城机械有限责任公司
付款人	账号	455546753555	收款人	账号	0032-6120-0408
付款人	开户银行	工行黄埔支行	收款人	开户银行	工商银行白云支行

人民币（大写）	千	百	十	万	千	百	十	元	角	分
叁拾陆万玖仟陆佰元整		￥	3	6	9	6	0	0	0	0

票据种类	转账支票
票据张数	1 张
单位主管　会计　复核　记账	收款人开户行盖章

此交联给是收收款人人收开账户通行知

76. 分摊材料成本差异

附：

（76-1）

材料成本差异率及领用材料、期末库存材料分摊的材料成本差异计算表　　金额单位：元

材料名称	月初材料成本差异	本月材料成本差异率	本月领用材料应负担的材料成本差异	期末库存材料应负担的材料成本差异
RS6 机体				
RS7 机体				
标准件				
X 材料				
合 计		-		

注：月末，因 RS6 机体材料货到单未到而暂估入账不会形成材料成本差异，因而暂估入账的 RS6 机体材料计划成本不应计入计算本月材料成本差异率的计划成本总额。

77. 计提固定资产减值准备

附：

（77-1）

固定资产减值损失计算单

编制单位:财务科　　2014 年 12 月 31 日　　金额单位:元

资产名称	年初资产减值准备	账面余额	计提资产减值准备前账面价值	可变现净值	年末资产减值准备	当期需计提的资产减值准备
机器设备						
运输车						
合　计						

会计主管　　复核　　会计　　制单

78. 核算职工薪酬、发放工资并代缴职工社会保险费等

附：

（78-1）

职工薪酬核算汇总表

编制部门：财务科 2014 年 12 月 31 日 金额单位：元

项目		基本生产车间		辅助生产车间		车间管理部门		行政管理部门	合计
		机加工车间	装配车间	机修车间	供电车间	机加工车间	装配车间		
工资①		20 400	16 800	5 500	4 800	7 600	3 000	8 000	66 100
职工福利（10%）②		2 040	1 680	550	480	760	300	800	6 610
社会保险费	养老保险费（10%）	2 040	1 680	550	480	760	300	800	6 610
	医疗保险费（6%）	1 224	1 008	330	288	456	180	480	3 966
	失业保险费（2%）	408	336	110	96	152	60	160	1 322
	生育保险费（1%）	204	168	55	48	76	30	80	661
	工伤保险费（0.8%）	163.2	134.4	44	38.4	60.8	24	64	528.8
	小计（19.8%）③	4 039.2	3 326.4	1 089	950.4	1 504.8	594	1 584	13 087.8
住房公积金（10%）④		2 040	1 680	550	480	760	300	800	6 610
职工工会经费（2%）⑤		408	336	110	96	152	60	160	1 322
职工教育经费（2.5%）⑥		510	420	137.5	120	190	75	200	1 652.5
合计⑦=①+②+③+④+⑤+⑥		29 437.2	24 242.4	7 936.5	6 926.4	10 966.8	4 329	11 544	95 382.3

（78-2）

职工工资结算汇总表

编制部门：财务科 2014 年 12 月 31 日 金额单位：元

项目		基本生产车间		辅助生产车间		车间管理部门		行政管理部门	合计
		机加工车间	装配车间	机修车间	供电车间	机加工车间	装配车间		
工资①		20 400	16 800	5 500	4 800	7 600	3 000	8 000	66 100
代扣社会保险费	养老保险费（8%）	1 632	1 344	440	384	608	240	640	5 288
	医疗保险费（2%）	408	336	110	96	152	60	160	1 322
	失业保险费（1%）	204	168	55	48	76	30	80	661
	小计（11%）②	2 244	1 848	605	528	836	330	880	7 271
代扣职工住房公积金（6%）③		1 224	1 008	330	288	456	180	480	3 966
代扣职工个人所得税额④		0	0	0	0	0	0	107	107
代扣合计⑤=②+③+④		3 468	2 856	935	816	1 292	510	1 467	11 344
实发工资合计=①-⑤		16 932	13 944	4 565	3 984	6 308	2 490	6 533	54 756

（78-3）

社会保险费申报表

单位类型：企业

缴费单位	单位编码	564346868	职工情况	总数		47	女性	15
	全称	广州长城机械有限责任公司		其中	农民工			
	开户银行	工商银行白云支行			退休职工			
	账号	0032-6120-0408						

费款所属日期：　2014 年 12 月 01 日至 2014 年 12 月 31 日

缴费项目	申报数					核定数					
	费率	单位应缴	费率	个人应缴	合计	缴费基数	费率	单位应缴	费率	个人应缴	合计
养老保险费	10%	6 610	8%	5 288	11 898	66 100	10%	6 610	8%	5 288	11 898
医疗保险费	6%	3 966	2%	1 322	5 288	66 100	6%	3 966	2%	1 322	5 288
失业保险费	2%	1 322	1%	661	1 983	66 100	2%	1 322	1%	661	1 983
生育保险费	1%	661			661	66 100	1%	661			661
工伤保险费	0.80%	528.8			528.8	66 100	0.80%	528.8			528.8
金额合计（人民币大写）	贰万零叁佰伍拾捌元捌角							￥20 358.80			
缴费单位（盖章） 经办人（章）2014 年 12 月 31 日			征收机构（盖章） 经办人（章）　年　月　日 复核人（章）　年　月　日					备注：			

（78-4）

同城特约委托收款凭证（付款通知）

2014 年 12 月 31 日　　　　委托号：00626

收款人	全称	广州白云区社会保险基金管理中心	付款人	全称	广州长城机械有限责任公司
	账号	0200000038333007		账号	0032-6120-0408
	开户银行	工行		开户银行	工商银行白云支行

人民币（大写）	千	百	十	万	千	百	十	元	角	分
贰万零叁佰伍拾捌圆捌角			￥	2	0	3	5	8	8	0

款项内容	合同号	附寄单证
养老 2014.12 11898 医疗 2014.12 5288 失业 2014.12 1983 生育 2014.12 661 工伤 2014.12 528.8	备注： 收款人开户行盖章	付款人开户行盖章

单位主管　　　　会计　　　　复核　　　　记账

（78-5）

2014 年度住房公积金月缴存额申报表

单位名称（盖章 ）广州长城机械有限责任公司 单位公积金账号：622088

填表日期：2014 年 12 月 31 日

职工所属部门	职工平均月工资	单位缴存比例	住房公积金月缴存总额	其中		12 月份公积金代扣额
				个人部分	单位部分	
基本生产车间	37 200	10%	5 952	2 232	3 720	2 232
辅助生产车间	10 300	10%	1 648	618	1 030	618
车间管理部门	10 600	10%	1 696	636	1 060	636
行政管理部门	8 000	10%	1 280	480	800	480
合 计	66 100		10 576	3 966	6 610	3 966
缴款单位(人)（盖章） 经办人(章) 2014 年 12 月 31 日		征收机关（盖章） 经办人(章)年 月 日 复核人(章)年 月 日			备注	

（78-6）

同城特约委托收款凭证（付款通知）

（72-5）

2014 年 12 月 31 日 委托号:00627

收款人	全称	广州白云区住房公积金管理中心	付款人	全称	广州长城机械有限责任公司
	账号	0200000038333777		账号	0032-6120-0408
	开户银行	工行		开户银行	工商银行白云支行

人民币（大写）	壹万零伍佰柒拾陆圆整	千	百	十	万	千	百	十	元	角	分
					1	0	5	7	6	0	0

款项内容	合同号		附寄单证
住房公积金 2014.12 13220	备注；	收款人开户行盖章	付款人开户行盖章

单位主管 会计 复核 记账

（78-7）

广州市地方税务局票证专用（2014） NO 3828934

电子缴库专用缴款书

填发日期：2014 年 12 月 31 日

☑已申报 申报序号：0618588671096632 □未申报

纳税人计算机代码	0645881	征收机关代码	21100000000
纳税人名称	广州长城机械有限责任公司	征收机关名称	白云区地方税务局
付款人名称	广州长城机械有限责任公司	收款国库名称	
付款人开户银行名称	中国工商银行白云支行	国库清算行号	1111000003
付款人账号	0032-6120-0408		
纳税项目名称	课税数量	计税金额	实缴金额
个人所得税			107.00
金额合计（大写）	壹佰零柒圆整	金额合计（小写）	￥107.00
缴款单位（人）（盖章） 经办人(章)	税务机关（盖章） 填票人(章)	银行 记账员盖章	备注：

（78-8）

中国工商银行电子缴税付款凭证

中国工商银行　转账日期：2014年12月31日　凭证字号　凭证

纳税人全称及纳税人识别号：广州长城机械有限责任公司　310105926795326

付款人全称：广州长城机械有限责任公司　征收机关名称：白云区地税

付款人账号：0032-6120-0408　收款国库（银行）名称：工商白云分理处

付款人开户银行：：工商银行白云支行　缴款书交易流水号：

小写（合计）金额：￥107.00　税票号码：

大写（合计）金额：壹佰零柒圆整

税（费）种名称	所属日期	实缴金额
个人所得税	20141201-20141231	￥107.00

工商银行
白云支行
2014.12

第一次打印　打印时间：2014年12月31日10时28分

第二联　作付款回单（无银行收讫章无效）　复核　记账

（78-9）

中国工商银行
转账支票存根
No.338887891

科　　目 ________

对方科目 ________

出票日期 2014年12月31日

收款人：

金　额：54 756.00

用　途：发放工资

单位主管：　会计：

79.偿还银行短期借款本息

附：

（79-1）

短期借款利息费用计算单

编制单位:财务科　2014年12月31日　金额单位:元

借款性质	借款日	到期日	借款本金	年利率	已提利息	当月利息	累计利息
短期借款	2014年10月1日	2014年12月31日	100 000	4.2%	700	350	1 050
合计	-	-	100 000	-	700	350	1 050

会计主管　复核　会计　制单

（79-2）

中国工商银行
转账支票存根
No.338555891

科　　目 ______
对方科目 ______
出票日期 2014 年 12 月 31 日

收款人：工商银行
金　额：101 050.00
用　途：归还短期借款

单位主管:　　　会计:

80. 计提坏账准备

附：

（80-1）

坏 账 准 备 提 取 表

编制单位:财务科　　2014 年 12 月 31 日　　提取比例:0.6%

项目	应收账款	坏账准备
月初结存金额		
月末结存金额及提取数		
本月应提坏账准备金额	-	
会计主管　　复核	会计	制单

注:坏账准备提取采应收账款余额百分比法

81. 支付并分摊大修理费、报刊费、财产保险费

附：

（81-1）

报刊费、财产保险费分配表

编制部门:财务科　　2014 年 12 月 31 日　　金额单位:元

项目 / 部门	-	报刊费	财产保险费	合计
管理部门	-	500	2 600	3 100
合　计	-	500	2 600	3 100

（81-2）

中国工商银行
转账支票存根
No.338555891

科　　目 ______
对方科目 ______
出票日期 2014 年 12 月 31 日

收款人：工商银行
金　额：500.00
用　途：支付报刊费

单位主管:　　　　会计:

（81-3）

中国工商银行
转账支票存根
No.338555891

科　　目 ______
对方科目 ______
出票日期 2014 年 12 月 31 日

收款人：工商银行
金　额：2 600.00
用　途：支付财产保险费

单位主管:　　　　会计:

82. 计提并支付工商银行长期借款利息

附：

（82-1）

长期借款利息费用计算单

编制单位:财务科　　　　2014 年 12 月 31 日　　　　金额单位:元

借款性质	借款日	到期日	借款本金	年利率	已付息	当月利息	累计付息
长期借款	2014 年 1 月 1 日	2016 年 12 月 31 日	1500 000	6%	82 500	7 500	90 000
合计	-	-	1500 000	-	82 500	7 500	90 000

会计主管　　　　复核　　　　会计　　　　制单

（82-2）

中国工商银行

转账支票存根

No.33777891

科　　目 ______

对方科目 ______

出票日期 2014 年 12 月 31 日

收款人：工商银行
金　额：7 500.00
用　途：支付长期借款利息

单位主管：　　　　会计：

83. 确认存款的利息收入

附：

（83-1）

中国工商银行存款利息通知单

2014 年 12 月 31 日　　　　NO:1122478

户名	广州长城机械有限责任公司		账号	0032-6120-0408
起息日	止息日	月利率	积数	利息
2014-10-1	2014-12-1	0.0006	300 000.00	180.00
利息金额	大写：人民币壹佰捌拾元整		￥180.00	
备注	对应计息账号			

会计　　　　记账　　　　复核

（印章：工商银行 白云支行 2014.12）

84. 计提存货跌价准备

附：

（84-1）

材料减值测试报告单

RS7 机体原材料经减值测试，可变现净值低于其账面余额为 8971.6，所以，应计提的存货跌价准备 8971.6 元。

部门主管：魏强

2014 年 12 月 31 日

85. 辅助生产车间生产费用分配表

附：

（85-1）

机修车间、配电车间本月提供劳务量表

受益车间、部门		修理（工时）	配电数量（度）
辅助生产车间	机修车间	—	
	配电车间		—
基本生产-机加工车间	RS6 主机		
	RS7 主机		
	一般耗用		
基本生产-装配车间	RS6 压缩机		
	RS7 压缩机		
	一般耗用		
管理部门			
合　计			

（85-2）

辅助生产费用分配表（直接分配法）

辅助生产车间名称			修理（工时）	配电数量（度）	金额合计
待分配费用					
对外提供劳务数量					-
费用分配率					-
RS6 主机	应借“基本生产成本-RS6 主机”科目	数量			-
		金额			
RS7 主机	应借“基本生产成本-RS7 主机”科目	数量			-
		金额			
机加工车间一般耗用	应借“制造费用-机加工车间”科目	数量			-
		金额			
RS6 压缩机	应借“基本生产成本-RS6 压缩机”科目	数量			-
		金额			
RS7 压缩机	应借“基本生产成本-RS7 压缩机”科目	数量			-
		金额			
装配车间一般耗用	应借“制造费用-装配车间”科目	数量			-
		金额			
管理部门	应借“管理费用”科目	数量			-
		金额			
分配费用小计					

注：分配率计算到小数点四位数，尾差计入管理费用。

86. 结转分配制造费用

附：

（86-1）

制造费用分配表

编制部门：机加工车间　　　　2014 年 12 月 31 日　　　　金额单位：元

成本　　项目	生产工时	分配率	分配金额
RS6 主机			
RS7 主机			
合　计			

(86-2)

制造费用分配表

编制部门:装配车间　　2014 年 12 月 31 日　　金额单位:元

	生产工时	分配率	分配金额
RS6 压缩机			
RS7 压缩机			
合　计			

87. 结转产品生产成本

附:

(87-1)

完工产品、在产品成本计算单

完工半成品数量: 100
月末在产品数量: 20

车间: 机加工车间-RS6 主机　　2014 年 12 月　　金额单位:元

成本项目				生产量(台)					单位产品成本	在产品成本	完工产品成本
				完工产品数量	在产品			合计			
项目	月初在产品成本	本月生产费用	合计		数量	完工程度	约当产量				
直接材料											
直接人工											
制造费用											
合计				-	-	-	-	-			

(87-2)

完工产品、在产品成本计算单

完工半成品数量: 120
月末在产品数量: 30

车间: 机加工车间-RS7 主机　　2014 年 12 月　　金额单位:元

成本项目				生产量(台)					单位产品成本	在产品成本	完工产品成本
				完工产品数量	在产品			合计			
项目	月初在产品成本	本月生产费用	合计		数量	完工程度	约当产量				
直接材料											
直接人工											
制造费用											
合计				-	-	-	-	-			

（87-3）

自制半成品发出成本计算表（全月一次加权平均法）

半成品名称	月初半成品		本月完工半成品		半成品单位成本	本月发出半成品		月末结存半成品	
	数量（台）	成本	数量（台）	成本		数量（台）	成本	数量（台）	成本
RS6 主机									
RS7 主机									

87-4

完工产品、在产品成本计算单

完工成品数量：50
月末在产品数量：20

车间：装配车间-RS6 压缩机　　2014 年 12 月　　金额单位：元

成本项目				生产量（台）					单位产品成本	在产品成本	完工产品成本
项目	月初在产品成本	本月生产费用	合计	完工产品数量	在产品			合计			
					数量	完工程度	约当产量				
半成品											
直接材料											
直接人工											
制造费用											
合计				-	-	-	-	-			

87-5

完工产品、在产品成本计算单

完工成品数量：80
月末在产品数量：30

车间：装配车间-RS7 压缩机　　2014 年 12 月　　金额单位：元

成本项目				生产量（台）					单位产品成本	在产品成本	完工产品成本
项目	月初在产品成本	本月生产费用	合计	完工产品数量	在产品			合计			
					数量	完工程度	约当产量				
半成品											
直接材料											
直接人工											
制造费用											
合计				-	-	-	-	-			

88. 结转已销售产品成本

附:

(88-1)

产品出库单汇总表

编号:201412

编制部门:仓库 2014年12月31日 金额单位:元

时间	用途	购货单位	产品数量(台)	
			RS6压缩机	RS7压缩机
12月4日	销售	广州粤华公司		
12月11日	销售	五一集团		
12月11日	销售	五一集团		
12月18日	销售	高科集团		
12月19日	销售	华兴公司		
12月30日	销售	广州粤华公司		
12月31日	销售退回	五一集团		
合计	-	-		

仓库主管: 材料会计: 领料员: 经办人: 制单:

(88-2)

库存商品发出成本计算表(全月一次加权平均法)

产品名称	月初库存		本月完工		单位成本	本月发出	
	数量(台)	成本	数量(台)	成本		数量(台)	成本
RS6压缩机							
RS7压缩机							

89. 发现登记账簿错误

在年末核算当期应交所得税前,审核所登记账簿时发现第68笔业务中罚款金额在"银行存款日记账"中登记为200 000元。

注:对于当期登账发生错误的,一般可采用画线更正法、红字更正法、补充登记法三种方法更正错账。其中,画线更正法适用原记账凭证正确而登记账簿的文字或数字有错的情况。先在错误的文字或数字上画红线注销,但必须使原有字迹仍可辨别;然后在画线上方填写正确的文字或者数字,并由记账人员在更正处盖章。对于错误的数字,应当全部画红线更正,不得只更正其中错误的数字;对于文字错误,可只在错误的部分画线。具体错账更正在银行存款日记账。

90. 编制银企余额调节表

附：

（90-1）

中国工商银行银企对账单

网点号：12667　　序号：56　　支行名称：工商银行白云支行

账号	0032-6120-040
户名	广州长城机械有限责任公司

你单位至 2014 年 12 月 31 日止存款额为 RM253 522.71 元是否相符，请当面与银行人员进行核对，若相符请填写对账单第二联并加盖公章（或财务专用章）及法人（负责人）或单位授权人签字交我行经办人员。若有未达账项，请将未达账项填入银企余额调节表调节相符。

中国工商银行白云支行

业务专用章

开户行业务公章

2014 年 12 月 31 日

第一联　单位留存

业务专用章

（90-2）

银企余额调节表　　单位：元

项目	日期	金额	项目	日期	金额
银行对账单余额	2014-12-31		企业银行存款日记账	2014-12-31	
加：企业已收银行未收			加：银行已收企业未收		
减：企业已付银行未付	2014-12-31		加：银行已付企业未付		
	2014-12-29				
调整后银行存款余额	2014-12-31		调整后企业存款余额	2014-12-31	

说明：经上述调整未达账项后，我方确认双方余额完全相符。

注：银企余额调节表仅作银企双方核对账户使用，不能作为记账的依据。

91. 核算应纳流转税税款

附：

(91-1)

应交增值税计算单

编制部门：财务科　　　　2014 年 12 月 31 日　　　　金额单位：元

时间	项目	销项税额 ①	实际抵扣税额合计②=③+④-⑤				应纳税额 ⑥=①-②
			进项税额 ③	上期留抵税额 ④	进项税额 转出⑤	合计	
合 计							

会计主管：　　　　复核：　　　　会计：　　　　制单：

(91-2)

应交城市维护建设税、教育费附加计算单

编制部门：财务科　　　　2014 年 12 月 31 日　　　　金额单位：元

税种项目	计税基数			税率	应纳税额
	增值税	消费税	合计		
	①	②	③=①+②	④	⑤=③×④
城市维护建设税					
教育费附加					
合 计					

会计主管：　　　　复核：　　　　会计：　　　　制单：

92. 结平损益类账户

附：

（92-1）

内部转账单

编制部门：财务科　　2014年12月31日　　金额单位：元

摘　　要	转账项目	金　　额
结转到本年利润	主营业务收入	
结转到本年利润	其他业务收入	
结转到本年利润	营业外收入	
结转到本年利润	投资收益	
合　　　　计		

（92-2）

内部转账单

编制部门：财务科　　2014年12月31日　　金额单位：元

摘　　要	转账项目	金　　额
结转到本年利润	主营业务成本	
结转到本年利润	其他业务成本	
结转到本年利润	营业税金及附加	
结转到本年利润	销售费用	
结转到本年利润	财务费用	
结转到本年利润	管理费用	
结转到本年利润	资产减值损失	
结转到本年利润	营业外支出	
合　　　　计		

93. 计算当期所得税费用和应交所得税

附：

（93-1）

当期所得税费用和应交所得税计算单（学生用）

编制部门：财务科　　2014年12月31日　　金额单位：元

项　　目	金　　额	备　　注
税前会计利润		
加：调增所得税	0	
业务招待费调增所得额		永久性差异
坏账准备调增所得额		暂时性差异
其他资产减值准备调增所得额		暂时性差异
罚款调增所得额		永久性差异
减：调减所得税	0	
公允价值变动损益调减所得税		暂时性差异
股权投资收益调减所得税		永久性差异
应纳税所得额		
适用税率		
当期所得税费用（应交所得税）		

注：本公司不考虑纳税调整事项。

94. 结转所得税费用

附：

(94-1)

内部转账单

编制部门:财务科　　2014年12月31日　　金额单位:元

摘　　要	转账项目	金　　额
结转到本年利润	所得税费用	
合　　计		

95. 结平“本年利润”账户

附：

(95-1)

内部转账单

编制部门:财务科　　2014年12月31日　　金额单位:元

摘　　要	转账项目	金　　额
结平本年利润	本年利润	
合　　计		

96. 分配利润

附：

(96-1)

税后利润分配计算表

编制部门:财务科　　2014年12月31日　　金额单位:元

分配项目	分配依据金额	分配率	应分配金额
法定盈余公积		10%	
应付现金股利	-	-	
合　　计			

97. 将“利润分配”各明细其他余额科目转入“利润分配—未分配利润”明细科目

附：

(97-1)

内部转账单

编制部门:财务科　　2014年12月31日　　金额单位:元

摘　　要	转账项目	金　　额
结转利润分配各明细账户	利润分配-提取法定盈余公积	
	利润分配-应付现金股利	
合　　计		

参考文献

[1]中华人民共和国财政部.企业会计准则(2006)[M].北京:科学出版社,2007.

[2]中华人民共和国财政部.企业会计准则—应用指南(2006)[M].北京:中国财政经济出版社,2006.

[3]财政部会计司编写组.会计准则讲解(2008)[M].北京:人民出版社,2008.

[4]中国注册会计师协会.企业[M].北京:中国财政经济出版社,2010.

[5]中国注册会计师协会.税法[M].北京:中国财政经济出版社,2010.

[6]刘尚林,杨明海.工业企业会计模拟实习题[M].北京:中国商业出版社,2007.

[7]裴淑红.企业会计实务[M].北京:中国市场出版社,2009.